LUISA FRANCIA

Chaos, Schönheit, Harmonie

SPIRITUELLE RAUMPFLEGE

nymphenburger

INHALT

ORDNUNG UND HARMONIE – EIN VORWORT

Ordnung und Harmonie sind zwei Begriffe, mit denen ich nicht wirklich etwas anfangen kann, und doch tauchen sie im Zusammenhang mit dem trauten Heim immer auf. Ordnung ist ja so etwas wie die erste Hausfrauenpflicht. Ein Mann will daheim keine »Schlampe«, sondern eine Frau, die »sein Haus«, »ihren Haushalt« ordentlich und sauber hält. Und da haben wir auch schon das Problem. Denn wenn der Haushalt auch weltweit oft die Domäne der Frau ist, so bestimmt doch meistens der Mann, wie es da drin zugehen soll/darf/muss. Harmonie geht oft auf Kosten von Ehrlichkeit und Offenheit. Was nicht harmonisch ist, wird eben harmonisch gemacht; Probleme werden so lange unter den Teppich gekehrt, bis irgendwann jemand darüberfällt.

Ich war mal kurz verheiratet. Mein italienischer Mann war Revolutionär und konnte toll singen. Haushalt interessierte weder ihn noch mich. Doch kaum waren wir verheiratet, hatte er so »italienische« Anwandlungen – jetzt sollte ich die Hausfrau sein, während er Revolution machte. Ich konnte darüber nur lachen. Meine Art, mich mit Kunst und Krempel auszubreiten, fand er unerträglich; also besorgte er sich eine große Schachtel und packte alle meine Sachen da hinein, sodass es für ihn wieder ordentlich und sauber war. Das war praktisch, obwohl wir uns ansonsten recht gut verstanden, das Ende unserer Ehe.

Ich wagte anfangs gar nicht, mir selbst einzugestehen, dass ich einfach keine »Partnerin« bin und schon gar keine »Hausfrau« oder die Frau, die ein Mann »meine Frau« nennt. So war ich nicht aufgewachsen, und ich fand es schon immer seltsam, dass Menschen zu zweit als Paar, wie ein Paar Würstchen, daherkamen. Dass ein Kind Vater und Mutter braucht, ist auch so ein Mythos. Ein Kind braucht liebevolle Menschen um sich herum.

Ein befreundetes Paar hatte eine Ehekrise. Er zog aus. Als Erstes zerschnitt sie den Gummibaum, den sie schon jahrelang gehasst hatte. Dann ließ sie die Wohnung verschlampen und räumte nur noch das auf, was

man bei geöffneter Wohnungstür sehen konnte. Doch er liebte sie sehr und schaffte es, auch ohne Gummibaum, wieder in ihre Nähe.

»HAUSFRAUEN«-SACHE

Die weibliche Zuständigkeit ist auch das Thema vieler Filme, wie etwa in dem wunderbaren Streifen *Die göttliche Ordnung*, wo es sehr witzig und sehr realistisch dargestellt wird. Als im Schweizer Kanton Appenzell die Frauen 1971 das Wahlrecht einfordern, sehen die Männer rot. Woraufhin die Frauen ihre Haushalte verlassen, in einem Wirtshaus zusammen kampieren und eine neue Ordnung erreichen.

Auch die italienische Regisseurin Lina Wertmüller thematisierte 1974 in ihrem Film *Tutto a posto e niente in ordine*, auf Deutsch etwa »Alles in Butter, aber nichts in Ordnung«, die widersprüchliche Situation in Ehe und Haushalt. Als der Mann der Frau einen Heiratsantrag macht, sagt sie: »Wieso soll ich dich heiraten? Jetzt bekomme ich fünfzig Lire, wenn ich deine Wäsche mache, als Ehefrau bekomme ich nichts.«

In dem großartigen Film *Antonias Welt* geht Antonia, die nach dem Zweiten Weltkrieg in ihr Heimatdorf zurückgekehrt ist, mit ihrem neuen Verehrer spazieren. »Heirate mich«, sagt er, »meine Söhne brauchen eine Mutter.« »Aber ich brauche deine Söhne nicht«, sagt sie. Wie befreiend!

Ruhe und Ordnung sind die erste Bürgerpflicht – da herrscht patriarchale Harmonie; die Frau sorgt für ihre Lieben zu Hause, und der Mann geht in die Welt hinaus, also zur Arbeit. Das ist allerdings nicht die Ordnung bzw. Harmonie, die eine Frau gern hätte, abgesehen davon, dass sie jetzt meist doppelt oder dreifach belastet ist: Haushalt, Kinder, Arbeit. Sie passt in der Regel ihren Harmoniebegriff an die Gegebenheit an. Der Ausgleich zu ständiger Frustration und Missachtung ihrer Bedürfnisse und ihrer wahren Gefühle ist der allseits bekannte Putzfimmel.

Die Schriftstellerin Sylvia Plath hat über die Zeit geschrieben, als ihre beiden Kinder geboren waren und sie mit ihnen, in der ersten Hälfte des 20. Jahrhunderts, meistens allein in England auf dem Land lebte, während ihr Mann Ted Hughes in der Welt als genialer Dichter gefeiert wurde. Ihr Äußeres entsprach dem Klischee der amerikanischen Traumfrau: »Adrett, strahlend sauber und tüchtig wie die junge Frau auf einer Kochreklame«, so beschreibt sie der befreundete Verleger Al Alvarez. Doch Plath war in einer schizophrenen Situation gefangen: hochintelligent, eine begabte Dichterin, die mit dem Leben als Hausfrau nicht zurechtkam. Wie sehr sie es hasste, beschrieb sie in ihrem Roman *Die Glasglocke*. Für die Protagonistin Esther Greenwood, ihr Alter Ego, ist es »vielleicht wirklich wie Gehirnwäsche, wenn man verheiratet war und Kinder hatte, und man lief dann nur noch dumpf wie ein Sklave in einem privaten totalitären Staat herum.« Plath konnte ihr Dilemma nicht lösen und brachte sich um; erst nach ihrem Tod wurde ihre dichterische Genialität erkannt. *And who the hell is Ted Hughes?*

DIE KUNST, SCHÖNHEIT IN ALLEM ZU SEHEN

Die Hausfrau als Genie – das ist nicht für viele Frauen ein Thema; die meisten sind viel zu bescheiden und zu verunsichert, um überhaupt an besondere Fähigkeiten, geschweige denn an Genialität, zu denken. Doch erstaunlicherweise sah ich als Kind einen Kinofilm mit der deutschen Schauspielerin Luise Ullrich, die damals, im Gegensatz zur wilden, lachenden Lieselotte Pulver, nicht als aufmüpfige Frau, sondern eher als konservative, seriöse Darstellerin bekannt war. In diesem Film spielt sie eine Mutter von mehreren Kindern, der Mann geht arbeiten, und sie beginnt heimlich zu schreiben. Schreibt einen Bestseller, wird berühmt – zum Schrecken ihrer Familie. Sie wurde so ein bisschen mein Vorbild: heimlich schreiben und einen Bestseller landen, super!

Ich allerdings lebte mit meiner Tochter in einer Hausgemeinschaft, als ich, gar nicht heimlich, sondern eher vorlaut feministisch, meinen ersten Bestseller landete. Da waren Ordnung und Harmonie anders gelagert. Wir kochten gemeinschaftlich, wer mit Kochen dran war, spülte auch das Geschirr und räumte auf. Vier Frauen, von Montag bis Donnerstag, da hatte jede drei Tage für sich. Wunderbar. Das nenne ich Harmonie. Das Wochenende wurde frei gestaltet, und es stellte sich heraus, dass da eher nicht so viel gekocht und geordnet wurde, oder wir hatten Lust, wieder zusammen zu essen; und zu jodeln – denn das erweckt die magischen Melodien zur Anrufung der Kräfte und der Geisterwelt, der Gemeinschaft von Frauenbündnissen und allem, was uns wichtig ist.

KREATIVES CHAOS STATT ORDNUNG

Patricia Highsmith, erfolgreiche Krimischriftstellerin und Erfinderin des Antihelden Ripley (Der talentierte Mr. Ripley) umgab sich in ihrem kleinen Steinhaus im Tessin mit Schnecken. Schnecken wohnten in ihrer Handtasche und sogar auf ihren Armen, unter den Ärmeln und in ihren Jackentaschen. Der Albtraum vieler Frauen. Bei mir finden sich eher Steine und Göttinnen. Eine Freundin umgibt sich mit Eulen – allerdings eher unfreiwillig. Ein Freund hatte ihr eine Eule geschenkt, und als BesucherInnen sie sahen, dachten sie, Eulen seien das Lieblingsthema, und schenkten ihr auch welche. So kam sie nach und nach zu einer stattlichen Sammlung von Eulen, ohne sie wirklich zu lieben. »Staubfänger!«, sagte die Frau, die zweimal im Monat bei ihr sauber machte.

In meinem Lieblingstitel für dieses Buch musste die »Ordnung« weichen, denn die Begriffe »Schönheit«, »Harmonie« und »Chaos« finde ich viel anregender und kreativer als »Ordnung«. Ohne Chaos keine Neuordnung.

Schönheit ist natürlich eine sehr individuelle Empfindung, die man niemandem vorschreiben kann und die zu Konflikten führt, wenn sie in Familien oder Haushalten unterschiedlich ausfällt. Da müssen sich die Zusammenlebenden absprechen, ja, auch die Kinder müssen einbezogen werden. Es wurde lange genug über ihren Kopf hinweg entschieden, wie man zu leben habe.

Ordnung kann immer nur dann die empfundene Ordnung sein, wenn sie sich nicht an Machtverhältnissen orientiert. Die Machtverhältnisse jedoch haben Frauen schon viel zu lange aus ihrer eigenen Wahrnehmung von Ordnung und Harmonie gedrängt. Ordnung schaffen heißt für mich: die Dinge so anzuordnen, dass ich sie anschauen, mit ihnen leben mag. Harmonie heißt für mich, Widrigkeiten, Widerwärtigkeiten, Konflikte, Störungen weitgehend aus meinem Lebensbereich zu verbannen. Das ist für mich kein Problem – ich lebe allein und kann daher auch tun und lassen was ich will.

Als ich mit meiner Tochter in einer Frauenwohngemeinschaft lebte, haben wir die ästhetischen Vorstellungen für eine Wohnung miteinander

– gleichberechtigt – abgestimmt. Mein Lieblingsspruch war: »Eine Frau mit einem Kind braucht keinen Mann, sondern eine Frau.« In der Hausgemeinschaft haben wir scheinbar mühelos die Arbeiten im Haus fließend ausgeführt, ohne Putzplan, ohne Wohngemeinschafts-Sitzung. Aufgewachsen bin ich in einer Frauenfamilie, in der die Mutter arbeiten ging, die Oma kochte, wir zwei Mädchen das Geschirr spülten.

In Familien sind die Aufgaben oft von vornherein verteilt. Sogar in Donna Leons progressiven Krimis kocht und ordnet zu meinem Erstaunen die Universitätsprofessorin für ihren Mann, den Commissario. Ein Mann, der kochen kann, ist der Hit. Ein Mann, der die Wohnung sauber hält, findet sich dagegen eher selten – wenn es eine Frau gibt, die das auch tun kann.

Im Sinne dieses Buches ist es nötig, dass jede Frau sich ihre Definition von Ordnung, Harmonie, Schönheit und Chaos durch den Kopf gehen lässt und idealerweise beginnt, ihre Vorstellungen in greifbare, sichtbare Wirklichkeit zu verwandeln.

»MÜSSIGGANG IST ALLER LÜSTE ANFANG«

»Und drinnen waltet die züchtige Hausfrau« – doch die Zeiten ändern sich, und sie darf auch faul und schlampig sein. Denn die fleißige Hausfrau richtet mit ihrem Putzfimmel womöglich mehr Schaden an, da die meisten Reinigungsmittel Wasser und Erde verseuchen. Da lohnt es sich, die faule Haut zu pflegen …

DIE RAUMPFLEGERIN

Putzfrau, gern auch mal noch zu »die Putze« oder »meine Putze« herabgewürdigt, ist in unserer Gesellschaft so ungefähr das Letzte. Von Verachtung bis Mitleid reichen die Gefühle, die einer Putzfrau entgegengebracht werden. Tiefer sinken kann eine Frau nur noch als »Klofrau«. Dabei ist das Saubermachen, die Pflege der Räume eine extrem wichtige ja spirituelle Tätigkeit. Das Wort »Raum-Pflegerin« beschreibt sie besser – die Frau, die Räume pflegt. Da weht gleich ein anderer Wind. Denn nach der Pflege des Körpers ist ja die Pflege des Raums, in dem Körper sich aufhalten, ausschlaggebend für das Wohlbefinden des Menschen. Dafür war und ist die Frau zuständig.

Das Hegen und Pflegen, Saubermachen, Ordnen wird als »niedere« Tätigkeit der Frau zugeschoben, denn der Mann hat ja Wichtigeres zu tun, draußen in der Welt, in der die Frau – nach wie vor – die Zweitbesetzung ist. Dass jedoch in der Zubereitung der Nahrung, in der Pflege des Lebensraums fraglos die Macht der Frau liegt, dämmert so langsam auch eingefleischten Patriarchen.

ANGRIFF IST DIE BESTE VERTEIDIGUNG

Ich wurde einmal in Nigeria überfallen, als ich in einem Buschtaxi nach Norden fuhr. Als die Banditen sahen, dass eine weiße Frau im Auto saß, wollten sie mich von den Mitreisenden trennen und dabehalten. Ich wehrte mich mit einer kleinen Schildkrötenrassel und einer magischen Darbietung, die zu meinem Erstaunen funktionierte. Der Fahrer nahm mich noch mit bis zum nächsten Dorf, dann aber wollte niemand mehr mit mir fahren. Die Geschichte des Überfalls machte auf dem Markt die Runde. Eine Frau kam mit einem breiten Lachen auf mich zu, gratulierte mir zur erfolgreichen Verteidigung gegen die Banditen und lud mich zum Essen ein. Wir saßen mit ein paar anderen Frauen auf dem Boden in ihrer Hütte, aßen mit den Fingern aus einer Schüssel Foufou mit Soße, und Grace erzählte mir, wie sie brutale Männer im Dorf auf Abstand halten. Von den rund hundert Pflanzengiften, die sie kennen, verwenden sie einige als Putzmittel für die Schwelle. Nur sie kennen das Gegengift, und da die Hütten barfuß betreten werden, kann es für eindringende Männer ungemütlich werden. »Von Schläfrigkeit, Lähmung, Impotenz bis zum Tod ist alles drin«, sagte sie mir. Die Frauen lachten.

DEN LEBENSRAUM SCHÜTZEN

Wir »zivilisierten« europäischen Frauen finden ein solches Verhalten natürlich krass und im Grunde indiskutabel. Und auch mir war damals nicht ganz wohl beim Essen – wer weiß, was da drin war? Barfuß in der Hütte wusste ich auch nicht, was da wohl an Kontaktgiften auf dem Boden aufgebracht war.

Was ich an der Geschichte wirklich interessant finde: Wie sehr ein harmonisches Zusammenleben auf Vertrauen basiert, denn die Macht der Frauen ist geradezu unheimlich, wenn es um die Substanzen geht, die im häuslichen Bereich eingesetzt werden (können). Im Mittelalter galt Gift als häufigste Waffe, wenn Frauen mordeten. Seit es zum Schutz der Frauen Gesetze gibt, und sie mehr und mehr in der Lage sind, ungeliebte, gewalttätige, übergriffige Männer zu verlassen, spielen Gifte keine so große Rolle mehr. Heute sind es eher die Gifte in Putzmitteln, in Nahrungsmitteln, im Wasser, in Möbeln, die Menschen krank machen oder umbringen.

Meine Mutter kaufte sich in den Sechzigerjahren, als sie eine neue Wohnung bezog, eine Wohnzimmerschrankwand, von der damals viele Menschen begeistert waren. Auch ihre Freundin und Nachbarin im Stockwerk

über ihr hatte die gleiche. Als meine Mutter starb, holte ich mir eine Wohnungsauflösungsfirma zu Hilfe. Der Spezialist sagte: »Die Schrankwand ist Sondermüll, die muss extra entsorgt werden.« Da war ein Holzschutzmittel verwendet worden, das heute gar nicht mehr erlaubt ist. Sowohl meine Mutter als auch ihre Freundin hatten schwerstes Asthma, aber sie hatten dieses Gesundheitsproblem nie mit der Schrankwand in Verbindung gebracht.

Dass zu dieser Vergiftung auch noch Wechselwirkungen mit Giften in Nahrungsmitteln hinzukamen, dämmerte meiner Mutter erst, als sie sich intensiver mit der Partei der Grünen und ihren Erkenntnissen beschäftigte und anfing, biologische Nahrungsmittel im Bio-Supermarkt zu kaufen, den es mittlerweile auch in ihrer Stadt gab. Wir dürfen davon ausgehen, dass die vielfältigen Gifte in Haushalten das Immunsystem der Menschen nicht nur schwächen, sondern auch komplett aushebeln können. Der Anstieg der Krebserkrankungen spricht eine deutliche Sprache.

WAS BEDEUTET RAUMPFLEGE ALSO WIRKLICH?

Es ist nicht nur für uns Menschen, sondern auch für die Erde, fürs Grundwasser und die Regeneration der Natur wichtig, nur noch ökologisch unbedenkliche Putzmittel, Spülmittel und Körperpflegemittel zu verwenden, denn die nicht abbaubaren Gifte, die in den herkömmlichen Produkten stecken, haben eine verhängnisvolle Langzeitwirkung. Auch ist es nicht notwendig, ständig zu putzen und alles klinisch sauber zu halten. Das Bedürfnis nach dieser übermäßigen Sauberkeit kommt wohl eher von einer inneren Unzufriedenheit, von dem Gefühl, beschmutzt zu sein, zum Beispiel durch sexuelle oder gewalttätige Übergriffe. Verachtung und mangelnder Respekt gegenüber einer Frau, gern zur »Hausfrau« erniedrigt, ist eben auch Gewalt.

DIE BRAVE HAUSFRAU

Eine langjährige Leserin meines Internet-Tagebuchs schickte mir folgenden Witz: »Welches Putzmittel benutzen Narzissten? Meister Proper, so sauber, dass man sich drin spiegeln kann.« Viele Frauen verbringen mit »Meister Proper« immer noch mehr Zeit als mit ihrem Ehemann. Sauberkeit und Ordnung sind der Stolz der »Hausfrau«. Viel hat sich nicht geändert in den letzten dreißig Jahren, seit ich mein Buch *Die schmutzige Frau* geschrieben habe. Es wird geputzt, geschrubbt, gebleicht, Staub gewischt, was das Zeug hält. Die Regale in den Supermärkten und Baumärkten quellen über von Putzmitteln, Bleichmitteln, Spülmitteln, Antischimmelgiften, Waschmitteln – allesamt zumeist umweltschädlich oder gar hochgiftig, was aber viele Frauen nicht davon abhält, sie zu kaufen.

Fatalerweise ist das Putzen mit herkömmlichen Wasch-, Spül- und Putzmitteln keine gute Lösung, um für Sauberkeit zu sorgen, denn die meisten dieser Produkte belasten Erde und Wasser. Und wenn Milliarden von Menschen diese Putzmittel mit ihrem Abwasser entsorgen, bleiben jede Menge Rückstände, die auf Dauer die Ressourcen vergiften. Ein Tropfen Spülmittel in einer Schüssel Wasser lässt einen Fisch ertrinken, weil dadurch die »Haut« des Wassers aufreißt. Seltsamerweise wird als »Dreck« bezeichnet, was eigentlich Erde oder Lehm ist. Erde ist kein Dreck. Von Erde wird man nicht krank, von Putzmitteln dagegen kann man sehr wohl krank werden. Es ist Zeit, umzudenken und Sauberkeit, Reinigung, Ordnung neu zu definieren.

MUT ZUR EIGENEN KRAFT

Unsere Welt wird immer unübersichtlicher, und es gibt eine Tendenz, in der Ordnung die Lösung für alle Probleme zu sehen; doch Ordnung ist nur das halbe Leben, die andere Hälfte braucht Inspiration, Schönheit, Chaos, Freiheit, spirituelle Kraft. Wie können wir eine Balance herstellen zwischen der Funktionalität, die uns hilft, den Alltag zu bewältigen, und dem ausufernden großartigen, inspirierenden, spirituellen Chaos, aus dem immer wieder neue Ideen und Möglichkeiten entstehen?

In der spirituellen Raumpflege geht es darum, Freude, tiefes Glücksgefühl, Zufriedenheit und Erkenntnis in die eigenen Räume zu bringen. Was aus Fernsehen, Computer oder Zeitungen an Energien in den Wohnbereich strömt, sollte immer wieder entschärft werden. Auch die Energie, die durch BesucherInnen kommt, sollte gelegentlich ausgelüftet und in extremen Fällen ausgeräuchert werden.

Viele Wohnungen und Häuser sind zwar hübsch anzusehen oder repräsentativ, doch die BewohnerInnen haben wenig Mut, eigenen Geschmack, eigene Gestaltung auszuprobieren – da könnten ja die Nachbarn und Gäste tratschen. Die Grundvoraussetzung für spirituelle Raumpflege ist natürlich, dass es den BewohnerInnen wohl ist in ihrem Lebensbereich, dass nicht zu viel von äußerer Anforderung, von der Herausforderung der Außenwelt im Innenbereich landet und sich dort einnistet. Dekorationen wirken oft leblos, und die Ästhetik der Möbelhäuser, die sich durch die Wohnbereiche zieht, ist häufig fantasielos und einfach nur funktional. Seelenfrieden kommt da noch nicht auf, ist aber für unser Leben sehr wichtig.

Ohne spirituellen Erfindungsreichtum, ohne Hingabe an die Natur, auch die Natur in uns, ist die ganze Wohnkultur und Ordnung vergeblich, die ja oft durchaus in scheinbar spiritueller Kitschüberfrachtung endet. Die vielen Salzlampen, Engel, Figuren und Figürchen sind überflüssig, wenn es nicht gefühlt und gelebt ist. Und Buddha als neuer Gartenzwerg-Ersatz bringt den meisten Familien außer dem Wiedererkennungseffekt, »Ach, seid ihr jetzt Buddhisten?«, keine nennenswerte Kraft. Daher: weniger Deko, mehr tiefes Gefühl, weniger Konventionalität und mehr Mut zum Ur-Eigenen.

ENDLICH TRIVIAL

Viele Männer lieben es ja, sich gegen uns Frauen und unsere sinnlosen, kleinen Tätigkeiten mit dem Wort »trivial« abzugrenzen. Dabei kenne ich jetzt keinen Mann, der wüsste, dass »trivial« vom Namen der Göttin »Trivia« abgeleitet ist. Diese römische Göttin des Haushalts, des eigenen Lebensraums, ist ein Aspekt der Göttin Hekate – da kommen wir der Ener-

gie schon näher. Hekate ist in der Geschichte der Göttinnen die Mutter aller Zauberinnen, die Hüterin des alten Wissens, die Kraftvolle, die Kompromisslose. Kein Wunder, dass Männer sich gegen Magie und Haushaltsthemen abgrenzen wollen; doch was »unwichtig« scheint, ist natürlich in Wirklichkeit die Essenz. Die Verbindung zu allen Wesen der Natur (Magie der Hekate), die Zubereitung der Nahrung (Trivia) und das Wissen um die Wege und die Reinigung (Ennodia) sind die ältesten Kunstformen.

Dass Männer sich darauf eher nicht einlassen, kann damit zu tun haben, dass die meisten davon nicht wirklich Ahnung haben. Und wenn ein Mann etwas nicht kennt oder kann, dann muss es abgewertet werden. Sobald der Mann sich allerdings ein Thema aneignet, wird es erhöht. Beispiel: der Koch. Kann ein Mann kochen, wird es als Kunst und viel bedeutender eingeschätzt, als wenn eine Frau kocht, die das ja tagtäglich und kunstlos macht. So ist auch die Berufsbezeichnung »Koch« höher eingestuft als »Köchin«.

Wir leben in einer Gesellschaft, in der Frauen oft eine Art zweite Wahl sind und sich abmühen müssen, um die männlichen Werte auch wirklich ernst zu nehmen. »Eine Frau, die so gut sein will wie ein Mann, hat keinen Ehrgeiz«, sagte jedoch schon die Schriftstellerin Djuna Barnes. Meine Erfahrung ist: Eine Frau, die mit Hekate und Trivia bekannt ist, lebt auf einem anderen Planeten als der durchschnittliche Mann. Denn die sich ständig wandelnden Formen und Strukturen, die Gewebe und die roten und bunten Fäden, die ins Labyrinth führen, die Klänge und die Stille, die Ströme von außerordentlicher Energie dieses Universums lassen sich mit der eher eindimensionalen Weltsicht der Patriarchen nicht in Einklang bringen. In dieser Weltsicht ist Magie Unsinn, und wer im magischen Universum lebt, ist verrückt.

DAS REICH DER GÖTTIN TRIVIA

Die Beschäftigung mit Haushalt – oder wie ich lieber sage: dem Lebensraum – gilt als minderwertig, und nur eine Frau, die sich dem patriarchalen Bild von Frauen anpasst, ist akzeptabel; also entweder jung und schön, eine super Köchin oder eine, die dem Mann dient, die alle Wege öffnet und glättet. Denn das ist ihre Bestimmung: Service-Einrichtung. Was dazu führt, dass manche Frauen im Alter klagen: Ich bin ja zu nichts mehr nütze. Ich werde nicht mehr gebraucht.

Auch meine eigene Mutter, mit der Göttin Trivia nicht so eng befreundet wie ich, klagte einmal darüber. Ich sagte: »Sei doch froh, dass du nicht gebraucht wirst. Du bist doch kein Gebrauchsgegenstand.« Da lachte sie.

Gebraucht werden und nützlich sein, das ist auch nichts für die Göttin Trivia. Sie inspiriert den Lebensraum, sie bringt den Alltag zum Blühen und mit ihrer Freundin, der Göttin Hygieia, sorgt sie dafür, dass die Menschen gesund und glücklich sind.

Leider haben wir Menschen die Göttinnen vergessen und werden lieber unglücklich und krank, dafür aber bestens angepasst an die »moderne« Gesellschaft.

Die Dritte im Bunde, wie alle Urgöttinnen ist auch Hekate eine dreifache, erscheint in dreifacher Gestalt: Hekate, die Zaubermächtige, Trivia, die Hüterin des bewohnten Raums und der Nahrung, sowie Ennodia, die Göttin der Wege, die Beschützerin und Verbindung zu den Geistern. Die moderne Gesellschaft hat sich von diesen Themen fast vollständig verabschiedet, jedenfalls, was die Wertung angeht. So wird die Frau, welche die ältesten magischen Künste pflegt, zur »trivialen« Frau.

MAGISCHE KÜNSTE

Als die Schauspielerin Ruth Drexel im Münchner Volkstheater das Stück »Liebe und Magie in Mamas Küche« inszenierte, bat sie mich, die magische Beratung zu übernehmen und magische Sprüche, Rituale und Handlungen einzubringen, was ich sehr gern tat. Denn Theater und Magie haben sehr viel gemeinsam: Eine Welt wird entworfen, mit Zutaten wird gespielt und am Ende ist alles wieder weg. Erscheinen – verschwinden. Urmagisch. Bei der Arbeit zu diesem Stück wurde mir wieder klar, dass die ältesten Künste der Magie natürlich Reinigen – das Universum der Göttin Hygieia – und Kochen und den Lebensraum gestalten – die Kunst der Trivia – sind. Dazu kommt dann noch die Darstellung, die Männer seit Jahrtausenden so an sich gerissen haben, dass von der Kunst von Frauen keine Rede war und es der neuen Frauenbewegung zu verdanken ist, dass immer mehr Künstlerinnen und Musikerinnen sichtbar werden.

Ennodia, welche die Wege der Frauen beschützt, die mit der Frau geht, die sich auf den Weg macht, um ihr Leben in Schönheit und Harmonie zu gestalten, ist in Vergessenheit geraten. Kaum jemals wird sie angerufen, kaum eine kennt sie. Und doch ist diese starke Kraft in jeder Frau. Sie taucht auf, wenn ein Zustand unerträglich wird, wenn es Zeit für einen Wandel im Leben ist.

Ennodia wird auch gerufen, wenn es darum geht, unangenehme Geister, sprich Energien, die sich festgesetzt haben, zu vertreiben. Da sind die Mahnungen von längst Verstorbenen, die sich wie ein Endlosschleifen-Mantra immer wieder in Erinnerung bringen: »Ein ordentlicher Haushalt ist die Visitenkarte der Hausfrau!«, sagte die Mutter einer Freundin; und es war ihr fast unmöglich, nicht sofort alles aufzuräumen, was herumlag. Geisterstimmen, Geisterbahn – die ewigen Ratschläge und Mahnungen, die Drohungen, das Unken und Heraufbeschwören! Dafür ist Ennodia zuständig, die aufräumt mit der Geisterkakofonie.

CHAOS UND MAGIE DER KINDHEIT

Als ich die Phase hinter mir hatte, in der ich mit Briketts Eisenbahn spielte, atmete meine Oma auf. Ich gebe zu, dass das eine Riesensauerei ist, was mir aber nichts ausmachte, denn drei Briketts mit Schnur (doch, ja, von

der Oma) hintereinander gebunden, gaben einen wunderbaren Zug ab. Ich kann mich nicht erinnern, dass irgendein Mitglied unserer Frauenfamilie putzfanatisch war. Tante Fränzi, Kettenraucherin und Motorradfahrerin, kümmerte sich sowieso kaum um häusliche Angelegenheiten. Sie musste Tischtennis spielen und in den Fünfzigerjahren bayrische Meisterin werden. Trudl, die Mutter, ging arbeiten; wenn sie am Abend heimkam, hatte sie andere Sorgen als die Sauberkeit in der Wohnung. Oma Gretl verdiente zu ihrer 40-Mark-Rente beim Apotheker nebenan etwas dazu, und meine Schwester Ilse und ich mussten AFN hören und unter der Bett-

decke lesen. Gelegentlich wurden wir von der Tante Anni, die in München wohnte, zu einem Ausflug abgeholt. So fuhren wir einmal mit dem Lift hinauf auf einen der Frauentürme, wo eine Frau aus Grafing Postkarten und Andenken verkaufte. Meine Kindheit ist von aufregenden Erlebnissen geprägt, von Ordnung, Sauberkeit und Regulierungen eher nicht.

SPÜLEN, SPIELEN, TRÄUMEN ...

Am Samstag war Putz- und Badetag. Ich mochte es zum Beispiel gern, das Stück Linoleum von der Eingangstür bis zur Küche zu bohnern. Wir hatten natürlich keine Waschmaschine. wir gingen mit der Wäsche ums Eck zur Frau Mitz in die Waschküche. Ich mochte den Geruch so gern. Wenn mich nicht alles täuscht, haben wir die Wäsche im Speicher aufgehängt. Manchmal musste die Treppe geputzt werden, das machte am Samstag die Mutter, und danach wurde der Badeofen geheizt. Erst stieg die Mutter in die Wanne, dann die Oma, zum Schluss wir zwei Kinder. Hinter der Badewanne war ein Hohlraum, vor dem grauste uns, Spinnen und so. Da hatte die Oma im Krieg anscheinend mal einen Kollegen versteckt, mit dem sie im Münchner Textilkaufhaus Eichengrün gearbeitet hat. Nach dem Bad, wir fest eingewickelt in Badetücher, wurden die Puppen mit den Porzellanköpfen rausgeholt und wir durften mit ihnen spielen.

Der Samstag war der magischste Tag, an den ich mich erinnere. Unsere Mutter erzählte uns Geschichten vom Kasperl, von der Gretl, von den Würsteln, und so lernten wir auch ein bisschen rechnen. Wir lagen alle drei in ihrem Bett und träumten.

Ich spülte gerne ab. Es gab zwei Emailleschüsseln. Wir hatten einen Küchenherd mit Grandl, einem Behälter, in dem das warme Wasser war. Eine Schüssel wurde in den Ausguss gestellt, darin wurde abgespült, in die andere Schüssel kam das gewaschene Geschirr. Abtrocknen war nicht so meine Leidenschaft, die von Ilse leider auch nicht.

Wir verschwendeten weder Wasser noch Strom. Geheizt war nur die Küche und am Wochenende der Kachelofen im Wohnzimmer. Die Schlafzimmer waren kalt. Eisblumen am Fenster. Wer putzte die Fenster eigentlich? Keine Ahnung. Einen Fernseher hatten wir erst, als ich fünfzehn war. So fiel auch die allgemeine Gehirnwäsche weg. Es war Wirtschaftswunder, aber sicher nicht bei uns. Wir hatten ab dem 20. jeden Monats kein Geld mehr, meine Mutter weinte und ihre treue Freundin Miggi lieh ihr Geld bis zum nächsten Ersten. So ging es jeden Monat. Mutti, Miggi und Oma spielten abends oft Karten. Ihr Lachen und Schreien sind der Soundtrack meiner Kindheitsmagie. Frauen, die wenig hatten und doch immer wieder so gut drauf waren, ja, das war meine Welt.

Mit knapp sechzehn Jahren ging ich nach England als Au-pair. Da lernte ich putzen. Am Montag die Küche (nach dem Wochenende, an dem ich auch noch für die Familie und die Gäste kochen musste), am Dienstag Wohnzimmer und Wintergarten, am Mittwoch das Klo und das Bad, am Donnerstag und Freitag die Schlafzimmer der Eltern und der fünf Kinder. Mein Cambridge Proviciency Exam bestand ich nur, weil der älteste Junge, der nur ein Jahr jünger war als ich, mich trainierte, denn für die Schule hatte ich kaum Zeit.

ORDNUNG WAR NICHT UNSER LEBEN

Nach dieser Erfahrung war ich aufs Putzen nicht mehr scharf. Und diese ätzenden Reinigungsmittel hätte ich ohnehin nie mehr verwendet. Ökologische Spül- oder Putzmittel gabs nicht, bis heute finden ja die meisten Putzfanatikerinnen, dass da was »Richtiges« her muss – mit Zitrone und Essig, das sei ja nichts.

In der Zeit der ersten Wohngemeinschaften sind wir wohl alle ein bisschen verschlampt. Ich erinnere mich allerdings nicht an Streit oder Auseinandersetzungen wegen der Sauberkeit. Wenn es zu dreckig wurde, dann putzte eben irgendwer. Dann kam die wirklich schöne Zeit der spirituellen Wohngemeinschaften, es wurde geräuchert und mit Schachtelhalmwasser gewischt, mit ätherischen Ölen das Raumklima verbessert; nur die Küche war immer ein bisschen gewöhnungsbedürftig. In der Hausgemeinschaft in Ambach am Starnberger See hatten wir »Kleinfamilien« alle unsere eigene Küche, allerdings fingen wir bald an, gemeinsam zu kochen und zu essen. Jede der Frauen war an einem Tag dran mit Kochen, Spülen, Aufräumen. Die anderen konnten sich entspannen. Oft wurde gejodelt.

Heute lebe ich allein. Ich räuchere immer noch, um eine gute Atmosphäre zu schaffen oder bei besonderen Gelegenheiten. Morgens gehe ich mit dem Räuchergefäß durch die Zimmer; manchmal hole ich Zistrosenstengel und trockne sie, weil das Harz nicht nur gut riecht, sondern auch heilsam ist. Rosmarin und Lavendel, Thymian und Salbei gibt es in meinem portugiesischen Garten, da kommt gutes Räucherwerk zusammen.

Als ich meinen Freundinnen gestand, dass ich oft mit einem Küchentuch die Küche putze, lachten sie. Jede macht das auch mal, wenns pressiert. Da ich im Alentejo sehr nah an der Wildnis bin, muss ich sehr aufpassen, dass keine Essenskrümel irgendwo herumliegen, denn das lockt Ameisen an, und die zu vertreiben ist schwer. Sie kommen immer wieder, wenn sie mal was gefunden haben. Zimtspuren oder Nelken, auf ihren Wegen ausgelegt, helfen zwar kurzzeitig, doch Ameisen sind strenge Lehrmeisterinnen, sie würden sagen: »Halte deinen Küchenboden und die Arbeitsflächen frei von Essensresten, und seien sie noch so winzig, sonst kommen wir und machen die Arbeit.«

REINIGEN ALS WIEDERHERSTELLEN DER HARMONIE

Putzen ist für mich eine, ja, heilige Handlung. Denn ich will ja mit dem Putzvorgang nicht nur nichts kaputt machen und zerstören, sondern die Harmonie des Raums erspüren und wiederherstellen. Der Spruch: »Bei der kann man vom Boden essen!«, interessiert mich nicht. Ich hab ja Tische und Stühle. Doch am Boden liegen Teppiche aus Tibet und Indien, aus Turkmenistan und Bayern. Die wollen gut behandelt werden. In der Küche liegt ein Plastikteppich aus ehemaligen Kabeln. Den haben mir die Frauen geschenkt, deren Plastik-Verarbeitungs-Projekt im Senegal ich finanziell unterstützt habe. Meine besondere Aufmerksamkeit gilt der Türschwelle. Da entscheidet sich alles: Wer kommt rein, was kommt rein, wer oder was geht nicht über diese Schwelle. Die putze ich auch besonders intensiv.

In der *Autobiographie von Alice B. Toklas*, geschrieben von Gertrude Stein, wird erwähnt, dass die Frauen im Bateau-Lavoir, wo Picasso sein Atelier hatte, jeden Morgen die Teppiche, die Tücher, das Bettzeug ausschütteln. Das mache ich auch. Ich mag nicht staubsaugen, zwar hab ich einen beutellosen Staubsauger, aber, wie schon vor Jahren meine Katze Tiga, mag ich den Krach nicht, irgendwie bleibt das blöde Gerät immer irgendwo hängen, und es graust mir auch vor dem Ausleeren. So mache ich das meiste mit Kehrbesen und Schaufel.

EIN GESUNDES GLEICHGEWICHT FINDEN-

Die Pandemie hat eine brutale Wunde in die Erde gerissen und droht auch noch, das Wasser zu verseuchen, denn nie wurde so panisch geputzt, desinfiziert, gebleicht, ausgerottet. Ich wasche mir immer die Hände, und zwar mit natürlichen, handgemachten Kräuterseifen, denn ich will ja nicht, dass meine Haut irgendwann ruiniert ist vor lauter Reinigung. Ich sehe nicht ein, dass ich den natürlichen Säureschutz der Haut durch ständiges Desinfizieren zerstöre. Wer hat sich diesen Blödsinn wohl ausgedacht! Das wird sicher noch Folgen haben.

Als meine Tochter ein Baby war, hatte sie eine Windelallergie, den sogenannten »Pampersarsch«. Ein Freund riet mir, zum damaligen Superexperten für Hautkrankheiten, Professor Braun-Falco, zu gehen. Die 200 Mark waren gut angelegt. Er sagte: »Lassen Sie das Kind ruhig verdrecken, baden sie es nicht, waschen sie es kalt ab und pflegen sie die Haut mit Olivenöl.« Eine schönere, glattere Haut kann man sich nicht vorstellen. Meine Tochter zog ihr Nuckeltuch auf unseren zahlreichen Reisen durch Afrika unbekümmert durch den Dreck und unter der Nase vorbei. Während ich alle möglichen Krankheiten einfing, blieb sie immer gesund.

Ich wasche mich immer noch kalt, springe in einen See, wenns geht, und laufe barfuß, wann immer es möglich ist. Meiner Haut gebe ich die köstlichsten Kreationen meiner Kräuterfreundinnen. Oder einfach natives Bio-Olivenöl, dazu ein paar Tropfen ätherisches Bergamotte-, Zitronenmelisse- oder Eukalyptusöl.

Ein Buch über spirituelle Raum-Pflege schreibe ich, weil ich glaube, dass wir unser Verständnis von Sauberkeit und Dreck überdenken müssen. Woher kommt der Wunsch, ja der Drang, alles übermäßig sauber zu schrubben? Seit über vierzig Jahren arbeite ich mit Frauen und ich habe festgestellt, je schwieriger die Familiensituation, die Ehe, die Kinder, desto stärker das Bedürfnis, durch Putzen und Waschen ein Gleichgewicht zu finden. Respektlosigkeit und Demütigung lassen sich aber nicht wegputzen. »Stöbern!«, sagte meine Oma; stöbern, rausschmeißen, was nur eine Last ist, und das Verbleibende entstauben, entwirren und neu einrichten.

DIE MAGIE DER DINGE

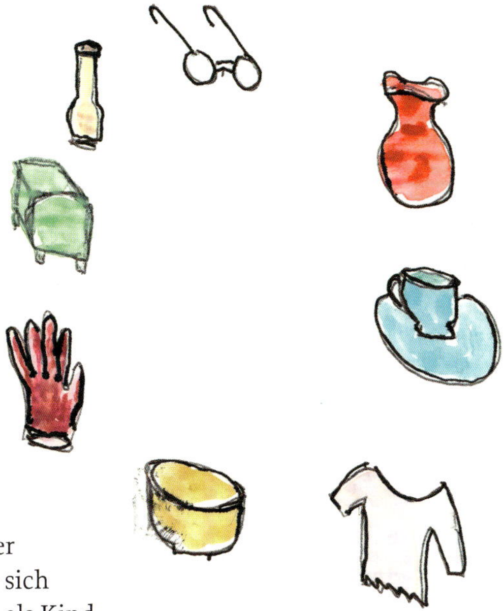

Im Jahr 2011 war plötzlich Schluss mit der weltweiten Schlamperei. Die Japanerin Marie Kondo veröffentlichte ein Buch übers Aufräumen, das derart einleuchtend war, dass ihm zwei weitere Bücher, Kurse und Lehrgänge folgten. Im Englischen heißt radikal aufräumen jetzt *to kondo*; kondoisieren, also einen Haufen aus allen Sachen zu bilden und ein Thema nach dem anderen, Kleidung, Schuhe, Gegenstände aller Art, zu trennen nach: Das wird behalten, das geht weg. Mittlerweile hat die Domina des Aufräumens über 7 Millionen Bücher verkauft, und ihre Mutter fühlte sich verpflichtet, der Welt mitzuteilen, dass Marie schon als Kind etwas zwanghaft gewesen sei.

Hätte Marie Kondo Picassos Nachlass verwaltet und aufgeräumt, dann hätte das keine acht Jahre gedauert. Womöglich hätte sie all die Einkaufszettel, Weinflaschenkorken, Bierdeckel mit kleinen Zeichnungen darauf, Apfelbutzen usw. weggeworfen, die in einer geradezu heiligen Handlung im Musée Picasso archiviert wurden.

ORDNUNG ALS BEFREIUNG

Es kann ja wirklich befreiend sein, sich von all dem Kram zu lösen, radikal zu trennen, wegzuwerfen, was nur noch Ballast ist.

Eine Teilnehmerin bei einem meiner Kurse vor vielen Jahren erzählte uns, dass sie sich von ihrem Mann getrennt hatte, und als sie – endlich, wie sie sagte – allein in der Wohnung war, warf sie alles raus, was ihr von anderen Menschen geschenkt oder aufgedrängt worden war; was ihre Schwiegereltern wie Anker in ihrem Lebensraum ausgeworfen hatten, um mitreden zu können, was ihr Mann als intellektuelle Duftspur durch die Wohnung gelegt, an Wänden aufgehängt, in Regalen und Schränken einsortiert hatte. Sie gab alles Überflüssige sozialen Einrichtungen. »Manches wollten nicht mal die«, lachte sie, »und dann saß ich in meinem

Schaukelstuhl in der leeren Wohnung und war glücklich.« Das war kein Ordnen, kein Kondo-ing, keine zwanghafte Aufräumerei – das war ein Befreiungsschlag. Und genauso, wie wir Dinge loswerden sollten, die als Erinnerung, als Trigger sozusagen, eingebracht werden, um uns immer wieder in eine bestimmte Denk- und Fühlrichtung zu schubsen, ist es auch gut zu wissen, welche Dinge, welche Bilder, Stoffe, Kleinigkeiten, welche Kleidungsstücke und Schuhe wirklich dem ureigenen Geschmack und Bedürfnis entsprechen.

GELEBTE RÄUME

Im Haus von Gertrude Stein herrschte ihre ästhetische Magie und die ihrer Lebensgefährtin Alice Toklas. Die beiden hatten eine überwältigende Sammlung von Bildern und Kunstwerken, die nach ihrem ureigenen Empfinden dicht gedrängt an den Wänden hingen und im Raum standen. Schaut man sich heute Bilder dieser Räume an, entsteht der Eindruck, dass sie überladen, fast bedrängend wirken. Das war den beiden allerdings egal. Sie wollten mit ihrer Kunst und ihren Räumen niemanden beeindrucken. Es gab Samstagabend-Einladungen, zu denen alle möglichen bekannten und unbekannten KünstlerInnen, SchriftstellerInnen kamen, die Crème de la Crème würde man heute sagen, von Picasso über Matisse und Djuna Barnes bis zu Sherwood Anderson und Hemingway; niemand hatte irgendeinen Einfluss auf die Gestaltung des Studios, in dem die Treffen stattfanden. Die Gespräche drehten sich um Kunst, um Leben und Sterben, um den Krieg. Texte wurden vorgelesen, es gab köstliches Essen.

Heute versuchen viele KünstlerInnen und Prominente, andere durch die perfekte Gestaltung ihrer Räume zu beeindrucken. Mal ist Minimalismus in, mal Florales oder üppige Pflanzen. In Zeitschriften über Interieurs werden so gut wie nie »gelebte« Räume abgebildet. Wenn ich die hohen Glasfenster sehe, die auf einen wilden Garten hinausgehen, denke ich sofort: Wer putzt die? Denn ich habe eine einzige Glastür zu meinem wilden Garten, die ich natürlich auch brauche, doch würde ich im Leben nicht an weitere Fenster denken. Glasscheiben locken Vögel an, die manchmal dagegenfliegen und benommen liegen bleiben, vielleicht sogar sterben. In Paris sah ich einmal einen Mann aus einer Souterrain-Wohnung kommen.

Ich konnte es nicht lassen, ich fragte ihn, ob ihm die Wohnung nicht zu dunkel sei. *»Si j'ai besoin du soleil je sors«*, sagte er – wenn ich das Bedürfnis nach Sonne habe, gehe ich hinaus.

Das ist auch das Prinzip der Wohnungen und Häuser im Alentejo, wo ich zeitweise lebe. Manche Häuser haben nur ein einziges Fenster in der Tür. Der Vorteil, den ich bald in meinem Häuschen bemerkte: Man sieht den Dreck nicht so genau. Minimalismus ist nicht das Prinzip ländlicher Behausungen. Die Menschen richten sich mit Tüchern, Decken, Keramik und anderen in ihrer Gegend tradierten Gegenständen ein. Und wieder geht es nicht darum, jemanden zu beeindrucken, sondern darum, selbst Freude daran zu haben.

SEIN EIGENES REICH SCHAFFEN

Picasso darf wohl als Messie der Kunst gelten. Er konnte nichts wegwerfen, hob sogar seine abgeschnittenen Fingernägel auf, die ebenfalls im Picasso-Museum von Paris aufbewahrt werden. Auch die portugiesische Malerin Paula Rego oder die britische Künstlerin und Turner-Preis-Gewinnerin Tracey Emin umgeben sich mit unendlich vielen Dingen, von denen nicht nur Impulse ausgehen, sondern die dann auch zum Teil mitverarbeitet werden.

Ganz besonders beeindruckt war ich vom Lebensraum der Dichterin Friederike Mayröcker. Im Englischen gibt es den Ausdruck *she has painted herself in*, was bedeutet, dass man sich mit der eigenen Arbeit, mit der eigenen Besessenheit so stark eingesponnen hat, dass man gar nicht mehr herauskann. Friederike Mayröcker, von Sprache und Schreiben begeistert und berauscht, ist buchstäblich von Buchstaben, von Texten, von ihren Gedichten

und Büchern, von Werken ihres Lebensgefährten Ernst Jandl, der früh verstorben ist, umgeben. Sie hat sich einen Kokon aus Worten, aus Gedichten, aus Sprachspuren gesponnen. Kurz vor ihrem Tod sagte sie: »Schreiben ist keine Qual, es ist Begeisterung.« Die Geister, die sie schreibend ruft, geben ihr Kraft und tragen sie durchs Leben.

DIE MACHT DER ERINNERUNG

Schon mein ganzes Leben lang beschäftige ich mich intensiv mit den Dingen, die mich umgeben. Die Magie der Dinge hat eine sehr starke Wirkung auf mich. Jeder Gegenstand ist belebt, will wahrgenommen werden. Ich bin oft umgezogen. »Dreimal umgezogen, ist einmal abgebrannt«, heißt es in Bayern, und das stimmt. Dinge gehen verloren, werden weggeworfen und später schmerzhaft vermisst. Wo ist eigentlich dieser wunderbare

blaue Schal, den ich einer Tuaregfrau in Hirhafok abgekauft habe? Wo sind meine Cowboystiefel und ja, wo ist der VW Käfer, den ich türkis angestrichen habe? Die Dinge des Lebens scheinen eine eigene Energie zu haben, werden im Ozean des wilden Lebens angeschwemmt oder von Flutwellen weggerissen.

Die Magie, die jedem Ding, jedem Gegenstand anhaftet oder davon ausgeht, ist eine Magie, die jeder Mensch versteht. Die Haarlocke oder der erste ausgefallene Milchzahn des Kindes – welche Mutter hätte da nicht schon ein paar Tränen verdrückt, wenn das nun fast erwachsene Kind betrunken nachts heimkommt und ein neues Leben anfängt. Die geliebte Kaffeetasse, der erste selbst gekaufte Teppich, das Bild einer Freundin, das unspektakulär und doch so mächtig an der Wand hängt, der Teller mit einem zarten Sprung, der dennoch nicht weggeworfen werden darf – die Macht der mit Energie, Erinnerung, auch mit Schmerz aufgeladenen Dinge ist kaum zu beschreiben.

Als ich nach der Pandemie in Lissabon zum ersten Mal nach fast zwei Jahren wieder in ein Kino gehen konnte, schaute ich den zauberhaften Film *Nomadland* an. Das Kino war halbvoll, wie es immer noch sein musste. Das Publikum ließ die Magie der Bilder still auf sich wirken, freudige, glückliche Energie füllte den Kinosaal. In einer Szene will ein Mann der wunderbaren Frances McDormand, im Film »Fern« genannt, helfen und hebt einen Karton auf, ein Teller fällt heraus und zerbricht, ein Teller aus Ferns guten Zeiten, auf dem das Glück ihres Lebens lag. Der Teller zerbricht, und alle Frauen im Saal schreien auf. Das ist gelebte Magie.

SPIRITUELLE RAUMPFLEGE – DER PRAKTISCHE TEIL

Die Pflege des Lebensraumes, wie ich sie verstehe, ist ein ganzheitliches Konzept. Sie verbindet die wohlige Atmosphäre mit Menschen, die sich darin lebendig und froh fühlen. Dabei helfen, achtsam eingesetzt, die Verbündeten aus der Natur. Klinisch sauber muss es nicht sein – das Immunsystem braucht Training mit Dreck in kleinen Dosen.

ORDNUNG IST NUR DAS HALBE LEBEN

Das Wichtigste zuerst: Finde heraus, wie dein Lebensraum wirklich beschaffen sein muss, was du brauchst, was du weder brauchst noch willst.

Bist du eine Minimalistin? Eine Chaotin? Magst du es gemütlich? Ordentlich? Modern? Altmodisch? Liebst du viel Dekoration? Gar keine?

Das Problem für Menschen, die zusammen leben: Nicht alle haben denselben Geschmack oder dieselben Vorstellungen, und durchsetzen werden sich die Dominantesten in der Gemeinschaft – falls es keine Absprachen gibt, die auch eingehalten werden. Da hat der Mann ein Büro oder eine Werkstatt im Keller, aber die Frau hat nicht mal ein eigenes Zimmer. Da lassen Kinder überall alles liegen und stehen oder müssen sich – gar nicht selten – den ästhetischen Regeln ihrer Eltern unterordnen. Wohnraum ist in Deutschland oft knapp und nicht alle Wünsche können umgesetzt werden. Und doch ist es wichtig, sich klarzumachen wie man wirklich leben will, leben würde, wenns möglich wäre. Denn innere Bilder haben die Macht, äußere Bedingungen zu verändern.

DIE ANKER LICHTEN

Schau dich in deinem Lebensraum um: Welche Dinge »ge-hören« wirklich dir, »hören« auf dich bzw. du »hörst« auf sie? Wie viele Dinge wurden wie Anker eingeschleust? Von welchen Dingen kannst du dich nicht trennen, obwohl sie dich stören?

Mache es zum Ritual: Für jedes Teil, das kommt, muss eines gehen. Die »Anker lichten« behandelt das Problem, dass man Sachen geschenkt bekommt, auch Einrichtungsgegenstände, die man nicht will oder welche die Energie einer Person bringen, die man nicht haben will. Geschenke sind immer Anker, die sich im Leben der beschenkten Person festsetzen sollen. Vom Verlobungsring bis zum Kerzenleuchter oder Sofakissen. »Deine Geschenke kann ich mir nicht leisten«, sagt ein afrikanisches Sprichwort, und Ähnliches meint der bayrische Ausruf: »I werds scho wieder guat machen!« Und das beschreibt, dass ein Geschenk irgendwie immer eine Gegenleistung oder ein Gefühl einfordert – wenigstens als Erwartungshaltung.

DEN ALLTAG RITUALISIEREN

Das Problem mit Hausarbeit: Sie ist nie zu Ende. Kaum hast du alles sauber und einigermaßen ordentlich, geht es wieder von vorn los. Kein Wunder, dass wenige Männer auf diese Arbeit Lust haben. Ich kenne auch nicht wahnsinnig viele Frauen, die diese einigermaßen sinnlose Bemühung, es immer schön und ordentlich zu haben, besonders attraktiv finden. Doch weil die meisten von uns keine Lust haben, in einem Saustall zu leben, beißen wir halt in den sauren Apfel und putzen und räumen. Manchmal macht es ja auch Spaß. Manchmal. Aber eben nicht ein Leben lang.

Ich löse dieses Dilemma, indem ich die Vorgänge ritualisiere – die Hausarbeit, das Putzen, das Wiederherstellen meines Lebensraums, so wie ich ihn mag. Ich liebe Rituale. Räuchern, putzen mit wohlriechenden Ölen, alle Tücher ausschütteln, Kissen und Polster ausklopfen, in die Sonne hängen und legen oder wenigstens am offenen Fenster alles entstauben. Dazu jodeln. Das Geschirr mit Kräutern waschen, am Abend Kerzen anzünden, singen. Das macht Spaß. Allerdings würde es mir keinen Spaß machen, für alle anderen Menschen in meiner Umgebung mitzuputzen und zu ordnen. Das machen aber die meisten Frauen, oft weil sie die Auseinandersetzung scheuen oder meinen: »Wenn er's macht, stellt er sich so blöd an, dass ich's gleich lieber selber mache.«

DIE EIGENE ORDNUNG VERWIRKLICHEN

Am Putzproblem sind viele Wohngemeinschaften gescheitert. Unterschiedliche Menschen haben eben unterschiedliche Sauberkeitsbedürfnisse. »Sollen doch die putzen, die es stört«, ist auch ein beliebter Ausweg aus dem Dilemma, der aber nicht wirklich funktioniert.

Kaum eine Frau kann sich vorstellen, dass es wohltuend und genussvoll ist, allein zu leben, die eigenen ästhetischen Vorstellungen zu verwirklichen und BesucherInnen zu nötigen, ihre Schuhe auszuziehen, Hunde und Katzen zu lieben, aber aus dem Wohnbereich zu verbannen – und doch ist es himmlisch. Alles so einrichten, herrichten, dass es ganz das eigene Reich wird, keine Kompromisse und auch keine Entschuldigungen.

Es kommt darauf an, durch Aufräumen nicht das eigene Lebensbild zu verlieren. Das kann besonders für Kinder ein Problem sein, weil Eltern ein anderes Ordnungsbedürfnis haben als sie. Doch auch Menschen, die sich selbst noch nicht wirklich sinnlich, körperlich, seelisch, geistig, spirituell gefunden haben, können darunter leiden, dass sie Strukturen und Anordnungen befolgen, die ihnen von LebenspartnerInnen, von verehrten, vielleicht sogar von gefürchteten Menschen ihrer Umgebung aufgedrängt werden.

Kreatives Chaos

Eine Ecke, eine Schublade, ein Schrankfach kann das Chaos repräsentieren, aus dem die Kreativität springen kann. Im Kinderzimmer würde ich nur dann eingreifen, wenn die Kinder im Chaos nicht mehr durchblicken, deshalb nicht mehr in ihrem Zimmer sein wollen und anfangen, den Rest der Wohnung bzw. des Hauses mit ihren Sachen zuzumüllen. Dann würde ich es magisch aufräumen: die Ordnung nach Themen herstellen, also Schule, Spielzeug, Klamotten usw., und auch hier eine »Wildnisecke« einrichten.

In einer Doku im ZDF wurde ein etwa achtjähriges Mädchen gefragt, was sie vom Aufräumen halte. Sie sagte: »Ich finde immer alles. Wenn es nicht im Schrank ist, ist's unter dem Bett.« Auf die Frage, »Wieso unter dem Bett?«, sagte sie: »Wenn meine Mutter sagt, ich soll aufräumen, dann schieb ich alles unters Bett.« Ein gutes Beispiel für kreative spirituelle Technik.

Durch Puppen, Figuren aller Art, Märchen vorlesen, Geschichten erzählen oder gemeinsam erfinden entstehen im Kinderzimmer magische Welten, die für Kinder besonders anregend sind. Mobiltelefone und Computer sollten während des Vorlesens und Erzählens und besonders in der Nacht gar nicht erst im Zimmer sein.

Einen Teil des Spielzeugs immer wieder mal verstecken und

nach einiger Zeit wieder hervorholen, das hat einen grandiosen Effekt der Wiederentdeckungsfreude und verhindert auch den übermäßigen Konsum.

Die Beziehungskiste

Sie ist ein magischer Raum, in dem eine Verbindung entweder zu Menschen oder zu nicht verkörperten Wesen, Geistwesen, Göttinnen, Engeln usw., repräsentiert und gepflegt wird. Ich habe eine Beziehungskiste für meine früher immer so problematische Beziehung mit dem Finanzamt. Ich habe diese Schuhschachtel bemalt und mit guter Energie aufgeladen. Alle Belege werfe ich da hinein, und seit ich diese schöne Kiste habe, hat sich mein Verhältnis zum Finanzamt völlig entspannt. Eine Beziehungskiste mit einer Person würde Fotos, Briefe und schöne Dinge enthalten, die mit dieser Person in Verbindung sind.

Die Idee der magischen Schachtel wuchs bei mir weiter, ich stellte kleine Altäre und Reise-Schreine her, bemalte sie, füllte sie mit magischen Dingen, Steinen, Figuren. Ein kleiner Reisealtar enthält eine Plastikfigur der Gundel Gaukeley aus dem Micky-Maus-Heft. Gundel war die Zauberin meiner Jugend und bis heute verehre ich sie.

Der Besen

Er ist das Zentrum der spirituellen Energie der weisen Frauen. Der Wald ist die ursprüngliche Welt, die Wildnis. Aus dem Holz der Bäume, aus ihren Zweigen und Ästen wird der Besen hergestellt. Mit dem Besen wird die wilde Kraft in den Haushalt geholt.

Die indische Göttin Lakshmi, die Wohlstand und Glück bringt, soll dem Mythos nach im Besen wohnen, weshalb er immer gut behandelt werden muss. Man darf ihn nicht treten, er soll nicht an einem Regenabfluss stehen. Der Besen ist nicht schmutzig, wie so viele Menschen denken, der Besen ist lebendig und wach; ein Hilfsgeist, der Hilfsgeist der Zauberin. Sie spricht mit ihm, sie hört auf ihn. Er lehrt sie die Weisheit der Bäume. Viele Besen werden aus neun Hölzern gefertigt – Hasel, Eiche, Buche, Weide, Esche, Birke, Eberesche, Ahorn, Ulme. Die Hasel bringt magische Kraft, die Eiche Zuverlässigkeit, die Buche Kommunikation, die Weide das Fühlen, die Esche die Wandelkraft, die Birke die junge, starke Energie, die Eberesche die Verbindung zu den Vögeln, der Ahorn die Milde und die Ulme das Verborgene. Im Alpenraum gilt es als Tabu, jemandem mit dem Besen über die Füße zu fegen, denn das bedeutet magische Manipulation.

In den Achtzigerjahren lebte ich eine Weile bei einer Zauberin in Ghana. Ich wollte ihr zur Hand gehen und bot an, den Hof zu fegen. Sie schrie auf. Nein, ich dürfte nicht fegen, weil ich nur die Geister aufscheuchen und durcheinanderbringen würde. Am allerletzten Tag, bevor ich wieder fortmusste, gab sie mir den Besen. Eine Handlung, die hier allen Menschen banal und unwichtig erscheint, das Fegen, wurde mir zur feierlichen Kunst. Ich habe jetzt Besen-Verbündete, die mich lehren. Fegen ist mir eine besonders feine Aktivität. Wichtiger als das ständige Putzen und Schrubben ist tatsächlich das Hereinholen der wilden Kraft ins Haus – mit einem Besen.

Die Göttin Befana, eine Art universelle Mutter aller Hexen, kommt in Südtirol, auf einem Besen fliegend, in der Nacht vom 5. auf den 6. Januar, am Befanatag, um den Kindern Geschenke zu bringen. Befana ist eine weichere, liebevollere Ausgabe der strengen alpenländischen Percht, die am 6. Januar ursprünglich gefeiert und verabschiedet wurde. Ihr hat man flugs die Heiligen Drei Könige übergestülpt.

Als in Wackersdorf die atomare Wiederaufbereitungsanlage gebaut werden sollte, gingen wir fleißig demonstrieren – eine starke Anti-Atomkraft-Bewegung entstand. Wir skandierten Sprüche, wir wurden mit Wasserwerfern von der Polizei vom Zaun weggespritzt. Doch dann beschlossen wir – 13 Frauen – am Bauzaun von Wackersdorf ein Ritual zu machen. Eine Bäuerin in Schwandorf fragten wir, ob sie uns einen Besen geben könnte, wir wollten ihn auch bezahlen. Wofür wir den Besen denn bräuchten, fragte sie. »Für ein magisches Ritual«, sagten wir. »Ich schenk ihn euch«, rief sie. Wir schufen aus dem Lehm am Bauzaun eine Göttin, umtanzten sie, schrieben auf den Besenstiel »Fröschebein und Bilsenkraut, Wackersdorf wird nicht gebaut«, dann warfen wir den Besen über den Zaun. Die Polizisten und Soldaten auf der anderen Seite reagierten gar nicht. Der Rest ist Geschichte. Unterschätze nie die Macht eines Besens!

die Welt
umträumen!
Luisa Francia
22. 11. 2021

EIN HAUS DER GÖTTINNEN

Wenn ich von einer Göttin spreche, meine ich nicht eine Frau, die irgendwo auf einer Wolke sitzt und angebetet wird, sondern eine Energie, die in lebendigen Frauen wirksam ist, die sich manifestiert, weil eine Frau diese Energie in alltägliche Erscheinung umsetzt. In meinem Haushalt spielen Göttinnen eine wesentlich größere Rolle als Putzmittel, was nicht heißt, dass ich meinen Lebensraum verdrecken lasse. Um eine wohlige Grundstimmung zu schaffen, reichere ich das Putzwasser mit ätherischen Ölen an, räuchere mit Wacholder oder Salbei und wische den Staub mit etwas Klopapier von Kanten und Ecken weg. »Göttinnen-Energie« ist in meinem Haushalt wichtiger als »porentiefe Reinheit«. Meister Proper kommt mir gar nicht erst ins Haus.

Ich widme gern jeden Raum einer Göttin, mit deren Energie ich dort spielerisch umgehen mag:

Das Bad

Es ist Hygieias Domäne. Hygieia, die Göttin der Gesundheit, der Sauberkeit, passt hier besonders gut. Denn wenn ich's an einem Ort wirklich gerne blitzsauber habe, dann in der Toilette und im Bad. Sauber heißt für mich allerdings nicht, dass ich täglich schrubbe. Ich setze gerne Salbei oder Rosmarin in Alkohol an und wische damit wohlriechend und desinfizierend, ganz im Sinn der Göttin, die für die Gesundheit des Körpers zuständig ist.

Das Bad ist für viele Menschen ohnehin der Bereich, in dem spirituelle Energie durch Düfte und Kerzen eingebracht wird. Ehrung des Wassers als Ritual. Nirgends fühlen

sich viele Frauen so geborgen und wohl wie in einer Badewanne. Sie erinnert uns an unseren Aufenthalt im Körper der Mutter, in der warmen, geborgenen Fruchtblase. Blüten und ätherische Öle, Räucherstäbchen – der Fantasie sind keine Grenzen gesetzt. Auch ein Salzbad ab und zu bewirkt Wunderbares für Haut und Körper.

Reinigen würde ich das Bad nur mit natürlichen Substanzen. Ich nehme sehr gern Bio-Spülmittel und für die Armaturen verwende ich etwas Natron.

Die Toilette

Auch die Verdauung braucht Ehrung. Was reinkommt, muss auch wieder losgelassen werden. Durchlässigkeit ist das Gebot der Stunde in jeder Hinsicht; das wäre ein Thema der Göttin Baba Jaga, der alten Ernte-Großmutter in Osteuropa, auch eine Zauberin, die über die elementaren Kräfte gebietet. Ihre Energie fördert die Durchlässigkeit im Körper und die Wahrhaftigkeit. Im Darm sitzt die wahre Lebenskraft.

Für viele Menschen ist der Gang zur Toilette eine wahre Meditation. Man sitzt und träumt, während der Körper sich von Lasten befreit. Der Darm wird ja gern unterschätzt und alle Darmtätigkeiten als peinlich und anrüchig verdrängt. Ganz zu Unrecht. Denn Darm und Gehirn sind sehr eng verbunden. Die Windungen des Darms gleichen den Windungen des

Hirns und es gibt eine lebhafte Interaktion zwischen dem Darmhirn und dem Kopfhirn. Deshalb ist es wichtig, dem Darm möglichst wenig oder gar keine Giftstoffe zuzuführen und dafür zu sorgen, dass er sich wohlfühlt. Bitterstoffe und Schleimstoffe wie Leinsaat, möglichst geschrotet, erfüllen diese Funktion. Leinsamen und Leinöl haben eine sehr wohltuende Wirkung auf die Darmbewohner, die mit Hagebuttenpulver oder zuckerfreiem -mark, das viel Vitamin C liefert, noch verstärkt werden kann. Wer den Darm bei Laune und geschmeidig hält, hat wenig Probleme mit schlechten Gerüchen aus eben jenem.

Immer mehr Menschen legen sich eine Kompost-Toilette zu, die ohne Wasser funktioniert. Urin und Verdauungsmasse werden nach Möglichkeit separat in einem Behälter aus Gras, Erde, Rinde, Stroh entsorgt; allerdings stehen diese Toiletten eher im Garten, stinken aber nicht, wie mir Frauen versichern, die eine solche eingerichtet haben.

Die Küche

Sie kann das Reich von Demeter sein. Die Getreidegöttin ist für gesunde Nahrung zuständig und ihre Energie ist besonders bei der Nahrungszubereitung wohltuend. Auch Cerridwen, die keltische Göttin mit dem Kessel, aus dem alles kommt, was in der Welt existiert, passt mit ihrer Kraft gut in die Küche, sprengt allerdings vielleicht gelegentlich den Rahmen ...

Das Wohnzimmer

Hier spiele ich besonders gern mit Habondia, Göttin der Fülle, oder mit Fortuna, der allgemein bekannten Glücksgöttin. Denn da, wo gewohnt und entspannt wird, ist doch Glück und Fülle am besten zu genießen.

Das Schlafzimmer:

Es ist für mich das Reich der Göttin Nemesis, sie hilft, abzutauchen ins Vergessen, ins Nichts, in den tiefen Schlaf. Wer nicht so sehr den Schlaf, sondern eher Liebe, Sex, Zärtlichkeit braucht, lässt sich mit Aphrodites überwältigend sinnlicher Energie ein, die keine unaufmerksamen, fantasielosen LieberhaberInnen duldet. In langjährigen Beziehungen kann das Schlafzimmer zum Problem werden. Umgangssprachlich drückt sich das in dem Begriff »Falle« fürs Bett aus. Die Falle, der Ort liebloser Berührung oder fantasieloser sexueller Belästigung, muss unbedingt entschärft werden. In krassen Fällen hilft nur eine Trennung der Schlafstätten, vielleicht auch der Lebensräume. Schnarchen ist oft ein Grund, dass Paare es nicht miteinander aushalten. Das sollte nicht wirklich ein Problem sein, denn notfalls schläft man auf dem Sofa dann einfach besser, besonders wenn man sich nicht einigen kann, ob das Fenster geöffnet oder geschlossen sein soll. Gerade was die Schlafgewohnheiten betrifft, ist das erwähnte Beschwerdebuch oft eine gute Möglichkeit, endlich darüber nachzudenken und zu formulieren, was verändert werden muss.

Das Kinderzimmer

Seit meine Tochter erwachsen ist, habe ich keines mehr, doch mochte ich es immer gern, in ihr Zimmer beschützende Wesen einzuladen. Für die meisten Frauen werden das Engel sein, die schon seit Generationen auf Kinder aufpassen. Wir hatten eine kleine Haushexe und ein rotes Schwein aus Pappmaché. Ich kann mir auch »Salige Frauen« (die Beschützerinnen der Kinder) vorstellen. Diese Weidengöttinnen, welche die Wasser, auch die Wasser im Körper, hüten, stillen Schmerz, trocknen Tränen und trösten. Ob es uns Erwachsenen passt oder nicht: Kinder haben meistens eine sehr eigene Ästhetik, eine eigene Vorstellung von Schönheit, Funktionalität und Magie. Ich würde immer da eingreifen, wo Zersetzungsprozesse, Fäulnis und dergleichen stattfinden; doch wer die Kinder liebt, muss

¡ORDNUNG IST NUR DAS HALBE LEBEN!

akzeptieren, dass deren Vorlieben mit den eigenen Vorstellungen nicht immer, vielleicht nie, kompatibel sind.

Der Keller

Er ist meistens Ort der Erinnerung und nicht immer der guten Erinnerung. Im Keller landet, was man noch nicht wegschmeißen kann oder will, aber auch nicht anrühren kann/will. So repräsentiert der Keller den dunklen Spiegel, der das spiegelt, was man nicht so gern sehen will oder wozu man nicht die Kraft hat, es zu verändern. Da ist der erste Schritt, zu akzeptieren, dass es diesen dunklen, nicht berührbaren Raum gibt. Der zweite wäre auch hier, eine magische Wächterinstanz einzurichten, welche die Energien besänftigt, weil dann das Rauswerfen, nach meiner Erfahrung, einfacher wird.

Der Keller ist in den meisten Häusern ein Ort des Verschwindens, Vergessens, Verdrängens. Im Keller lagert, was man glaubt, irgendwann noch brauchen zu können/zu müssen, wofür es aber gerade keine Verwendung gibt. Vom Eingemachten über Vogelhäuschen, alte Möbelstücke, Werkzeug bis zur Waschmaschine und zum Wäschetrockner, zum Heizkessel und den Heizölvorräten ist alles denkbar.

Die unerwünschten, ungeklärten, verdrängten Substanzen sind bei Hekate, der Göttin der dunklen Räume und der Wandlungsenergie, gut aufgehoben. Hekate, die Mutter aller Zauberinnen, kann hervorragend mit den ungeklärten Energien der Vergangenheit, mit lustvollen und schrecklichen Erinnerungen umgehen. Sie hilft mit ihrer magischen Kraft, das Unerwünschte zu wandeln. Im Keller heißt das manchmal ganz prosaisch: wegwerfen, was belastet. Hekate hier im Keller eine Ecke einzurichten und sie dort darzustellen hilft, unangenehme Schwingungen zu wandeln. Und manchmal hilft es auch, junge Menschen zu finden, die sich etwas Geld verdienen wollen, und ihnen Anweisungen zu geben, was auszuräumen und wegzuwerfen ist.

Der Speicher

Falls es den gibt, würde ich ihn der Göttin Luna, Mondgöttin und Göttin der Gefühle, widmen – dem Himmel so nah. Die meisten Dachböden sind entweder aus feuerpolizeilichen Gründen leer geräumt oder ausgebaut zu Wohnflächen. Für einen Platz für Luna würde es dennoch gut reichen – ein Bild, eine Wasserschale, vielleicht auch ein Himmelsfernrohr.

Der Garten

Er blüht mit Artemis'/Dianas Energie besonders schön auf. Im Gegensatz zur landläufigen Meinung, die Göttin Diana sei eine Göttin der Jagd, ist es gut zu wissen, dass sie auch eine Beschützerin der Tiere und der Natur ist. Artemis, nach der sogar ein Kraut benannt ist, das die Eigenmacht der Frauen stärkt, hütet Heilkräuter und Blüten. Ich finde es eine gute Idee, zu beobachten, was im Garten von alleine wachsen will, und nur wenig einzugreifen. Ganz tabu sind Agro-Gifte und Pflanzen, die so gezüchtet wurden, dass sie von Bienen, Schmetterlingen und anderen Insekten gemieden

werden. Auch künstlicher Rasen und die neuerdings so beliebten Steingärten sind für Kleinlebewesen aller Art vernichtend. Wer einen Garten hat, sollte ihn den Insekten und anderen Lebewesen zur Verfügung stellen.

Der Eingang

Die Göttin der Schwelle/des Eingangs ist Artio, die keltische Bärengöttin, Beschützerin und Hüterin der Tiere; sie repräsentiert die Macht der Natur. Die göttliche Bärin ist mütterlich, stark, beschützend und kann im Eingangsbereich unliebsame Energien abwehren. Hier kann auch ein Schutzsymbol angebracht sein (vom fünfzackigen Stern bis zur Hühnerkralle ist alles vorstellbar). Manche Haustüren sind mit Blumenkränzen geschmückt, an manchen finden sich lustige Warnungen, wie etwa »Vorsicht vor dem bisschen Hund«.

In dem Haus in München, wo ich viele Jahre lebte, gab es eines Tages Einbrüche, zuerst in die oberste Wohnung, dann in die im dritten Stock usw.; die Türe wurde eingetreten, alles wurde verwüstet. Ich hängte einen Zettel an den Eingang: »Bitte die Tür nicht aufbrechen, Schlüssel liegt unter der Matte.« Außerdem hatte ich eine Hühnerkralle am Türknauf hängen. Als ich nach Hause kam, stand die Türe offen. Nichts fehlte. Die Einbrecher hatten sich in der Küche mit der Espressomaschine Kaffee gemacht und waren wieder abgezogen.

Ich nehme an, die Einbrecher kamen aus Rumänien oder Bulgarien und kannten wohl von ihrer Großmutter die Bedeutung der Hühnerkralle …

DIE HELFERWESEN

In einer vollkommenen Welt würde das Gesundheitsministerium eigentlich dafür sorgen, dass keine giftigen Substanzen in unsere Körper oder in die Umwelt eingebracht werden. Leider ist das Gegenteil der Fall. Die

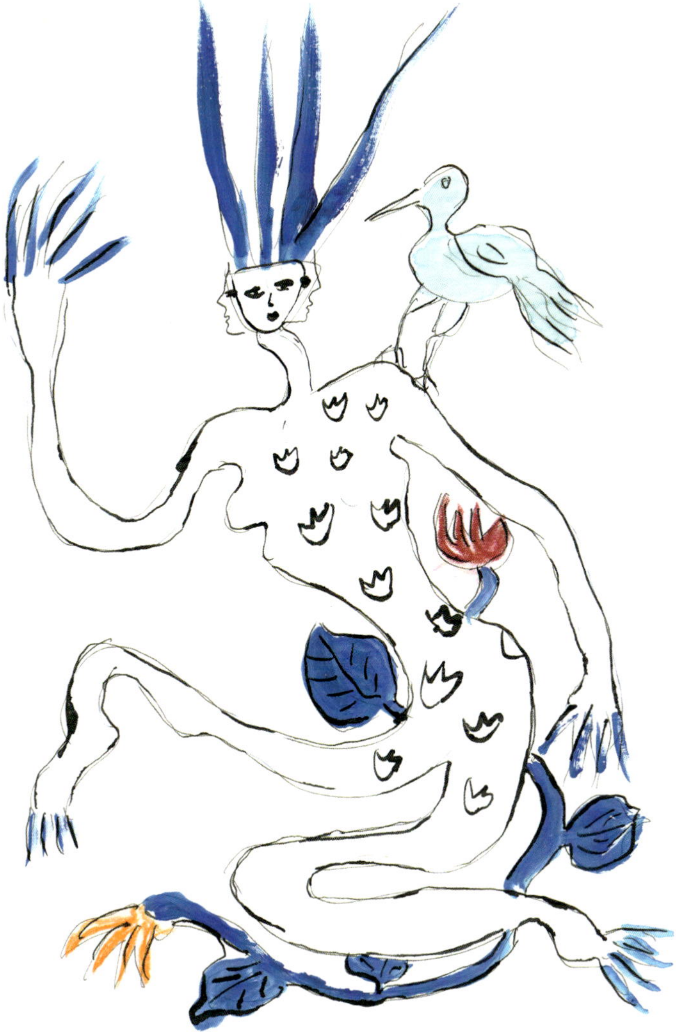

Pharmaindustrie und die Wasch- und Putzmittelindustrie genießen hohes Ansehen und die Pharmaindustrie hat natürlich in der Regierung den Fuß in der Türe. Was soll denn der Spruch mit der »porentiefen Reinheit«? Wir leben doch nicht auf der Intensivstation! Das körpereigene Immunsystem braucht die tägliche Herausforderung, muss mit Bakterien, Viren, Pilzen aller Art immer wieder konfrontiert werden. Es gibt allerdings zahlreiche Substanzen aus der Natur, die Sauberkeit und gute Gerüche bringen, ohne die Umwelt oder den Körper zu belasten. In Familien oder Wohngemeinschaften sollten am besten scharfe Putzmittel gar nicht erst zur Verfügung stehen. Alle reden vom Klimawandel und der Umstellung auf umweltfreundliche Substanzen, doch die Supermärkte und Baumärkte sind voll von Putzmitteln, mit denen man eine mittlere Stadt ausrotten könnte, würde man alles in den Gully kippen.

Noch gibt es in Deutschland, in Österreich und der Schweiz genug Wasser, doch dieses Wasser ist in den meisten Gegenden schon stark belastet. In der Schweiz gab es eine Volksabstimmung, die mehrheitlich den Schutz von Wasser/Trinkwasser ablehnte. Große Konzerne wie Nestlé haben das Problem erkannt und kaufen überall auf der Welt Land und Quellen auf. Schon heute kaufen die meisten Menschen ihr Trinkwasser in Flaschen – Plastikflaschen. Stillschweigend wird akzeptiert, dass das Wasser aus dem Hahn oft nicht trinkbar ist und abgekocht werden muss.

Wenn wir die Umwelt schützen wollen, müssen wir unser Konsumverhalten radikal ändern: Die giftigen, problematischen, nicht abbaubaren Putzmittel, Spülmittel, Waschmittel müssen aus dem Handel verschwinden, wenn wir unseren Planeten nicht komplett vergiften wollen.

Die meisten der von mir so geschätzten, wohltuenden Substanzen werden meine LeserInnen ohnehin kennen:

Essig

Ich kann wirklich nicht verstehen, dass es Menschen gibt, die teure, giftige Putzmittel kaufen, wenn der billige Essig den Job genauso oder viel besser macht. Ich würde zum Putzen natürlich nicht den guten Bio-Essig aus Himbeeren, Äpfeln oder anderen Früchten nehmen, sondern eher Weinessig. Essig, mit etwas Wasser verdünnt, reinigt und desinfiziert Waschbecken, Toiletten und Arbeitsflächen. Für empfindliche Böden, wie etwa Natursteinböden, ist er allerdings nicht oder nur stark verdünnt empfehlenswert.

Zitrone

Wenn du in der Küche Zitronen verwendet hast, wirf die Schale mit dem restlichen Fruchtfleisch nicht weg. Damit kannst du Böden, Arbeitsflächen und das Klo putzen, es löst Schmutz und Fett. Zitrone oder Essig im Wischwasser macht Fensterscheiben klar. Mit Zitrone werden auch Armaturen in Küche und Bad wieder glänzend sauber. Immer mit Wasser nachspülen!

Natron/Backpulver

Natron ist nicht nur ein wunderbares Mittel für weiche Haut: Hände, Arme, Gesicht, Füße mit Natron trocken einreiben und danach abwaschen; mit Natron lassen sich auch Arbeitsflächen, Herd und Herdplatten, Waschbecken und Toilette gut reinigen. Einfach auf einen feuchten Lappen aufstreuen oder mit etwas Wasser mischen. Für empfindliche Natursteinböden ist Backpulver, das im Gegensatz zu Natron Säure enthält, allerdings nicht empfehlenswert. Mit Natron oder Backpulver, mit etwas Wasser vermischt und mit einer alten Zahnbürste aufgetragen, lassen sich auch Fliesenfugen wunderbar reinigen.

Wenn gegen Ameisen Zimt, als sanfte Methode, nicht hilft, Backpulver, in Ecken und auf Ameisenstraßen ausgelegt, wirkt garantiert; allerdings ist es eine krasse Abwehrmaßnahme, denn wenn Ameisen das Backpulver fres-

sen, platzen sie. Manchmal gehts aber vielleicht nicht anders. Allerdings hilft es, keine Essenskrümel oder klebrige süße Flecken auf dem Boden zu lassen. Mit Essig durchzuwischen, zeigt auch gute Wirkung.

Rohrreiniger sind für die Umwelt das grausamste Mittel. Natron oder Backpulver und Essig sind hier eine gute Alternative: Einen Esslöffel Natron in den Abfluss geben und eine halbe Tasse Essig nachgießen, den Abfluss mit dem Stöpsel verschließen und ca. 20 Minuten einwirken lassen, mit heißem Wasser nachspülen. Wenn du das regelmäßig machst, hast du keinen Ärger mit dem Abfluss mehr.

In der Toilette gibts kein Verstopfungsproblem, wenn nicht Nasstücher, Küchentücher, Binden und andere Feststoffe darin landen. Erziehe deine Familie dazu, wenig Klopapier zu verwenden und nichts ins Klo zu werfen, was da nicht reingehört. In den meisten Familien gehen alle zwar davon aus, dass die Mutter den Putzjob macht, aber im Sinn einer Harmonie im Haus muss sie diesen Job kündigen. Warum soll an ihr der ganze Stress hängen bleiben?

Geranien

Insekten, Ameisen und Motten sind in vielen Haushalten ein Problem. In meinem Garten habe ich beobachtet, dass Insekten Geranien meiden. Ich nehme also einige Blätter von einer Geranienstaude (sie wachsen bei mir wild im Garten, aber gekaufte Geranien tun's auch) und lege sie mit etwas Alkohol (zum Beispiel mit Wodka, Korn oder Alkohol aus der Apotheke) in Wasser ein. Ungefähr eine Woche ziehen lassen, dann abseihen und in ein Sprühfläschchen geben.

Geranien sind zu Unrecht als spießige Deko-Pflanzen in Verruf geraten. Sie halten Mücken und Fliegen ab, sogar in Öl eingelegte Geranienblätter haben abwehrende Wirkung, wenn der Körper mit diesem Öl eingerieben wird. Geranienblätter in unzugänglichen Ecken der Wohnung oder des Hauses helfen auch hier gegen kleine Tierchen. Das ist der Grund, warum vor den Fenstern von Bauernhäusern Geranien blühen, sie sorgen dafür, dass die Fliegen aus dem Stall nicht in die Wohnräume gelangen.

Geranienblätter können auch, in Wäscheschubladen gelegt, Motten abwehren. Meine Oma legte Schrank und Schubladen mit Zeitungspapier aus, denn Motten mögen auch den Geruch der Druckerschwärze nicht.

Zimt

Als ätherisches Öl im Waschwasser wirkt Zimt reinigend und desinfizierend. Mit etwas Wasser und Alkohol vermischt und in ein Sprühfläschchen gefüllt, verströmt das Zimtöl einen feinen Duft im Wohnbereich. Das Gewürz ist auch ein wohlriechendes und effektives Mittel, um Ameisenstraßen zu blockieren und andere Kleinlebewesen, wie Silberfischlein

usw., abzuschrecken. Es geht nicht darum, diese kleinen Wesen zu töten. Ausrotten kann man sie ohnehin nicht, und wozu auch – sie übertragen keine Krankheiten und sind völlig ungefährlich für Menschen. Mücken sind da schon andere Kaliber. Mittlerweile weiß man, dass sie sogar Borreliose übertragen können, wenn sie vorher ein infiziertes Tier gestochen haben. Ich gestehe, dass ich Mücken und Motten gnadenlos umbringe.

Ätherische Öle

Das Putzwasser reichere ich gerne mit Eukalyptusöl an. Rosmarin oder Lavendel eignen sich ebenfalls hervorragend, man braucht nur wenige Tropfen im warmen Putzwasser für Sauberkeit und guten Geruch. Ich wasche meine Wäsche mit Bio-Geschirrspülmittel, in das ich ein paar Tropfen ätherisches Minzöl oder Zimtöl gebe.

Dieser übermäßige, ja fanatische Sauberkeitswahn hat bei mir keine Chance. Ich überrasche lieber mein Immunsystem mit immer neuen Herausforderungen. In der Pandemie war vielleicht die unangenehmste Regel, sich ständig die Hände zu desinfizieren. Wenn wir wissen, dass die

Schutzhülle der Viren mit Seife geknackt werden kann, reicht es doch, sich öfter die Hände gründlich mit Seife zu waschen und den Mund mit lauwarmem Wasser und ein paar Tropfen Minzöl zu spülen.

Natürliche Öle

Leinöl stärkt nicht nur Haut und Haare, damit kann man auch Holz immer mal wieder einreiben, zur Pflege und auch zur Abwehr von Holzwürmern. Auch Bienenwachs ist dafür sehr gut geeignet. Ich wehre sie in meinem portugiesischen Häuschen mit Feigenzweigen ab – Holzwürmer lieben sie. Überall im Holzdach, wo es Löcher gibt, stecke ich die Zweige hinein. Da rieselt dann zwar gelbes Mehl heraus, aber das Dach bleibt heil.

Mit der Wahl der Putzmittel haben Frauen leider auch die Macht, die Umwelt gründlich zu verseuchen, deshalb ist es besonders wichtig, sich nicht auf gesetzliche Verordnungen zu verlassen, sondern umzusteigen auf sanfte, ökologische Mittel aller Art. Denn der wahre »Dreck« kommt fatalerweise aus den immer noch hemmungslos angepriesenen konventionellen Putzmitteln.

Eine Frau, die sich über einen Eimer mit heißem Wasser und einer großzügigen Portion eines dieser Kraftreiniger beugte, fiel in Ohnmacht. Beugen wir uns über einen Eimer mit heißem Wasser und ätherischem Minzöl, können wir tief und genussvoll einatmen, ohne uns zu gefährden, und haben dabei auch noch ein sehr effektives Putzwasser.

RITUALE

Ein afrikanisches Sprichwort sagt: In Ritualen wird die Welt erschaffen. Egal, wie kompliziert die Realität ist, Rituale sind immer eine gute Möglichkeit, die Welt umzuträumen. In ihnen wird ein Bild einer Wirklichkeit entworfen, gerufen, das sich materialisieren soll. Für mich ist das Ritual eine Art Innehalten im Alltagsstrom der Belanglosigkeiten: wahrnehmen, aussprechen, ehren, freuen.

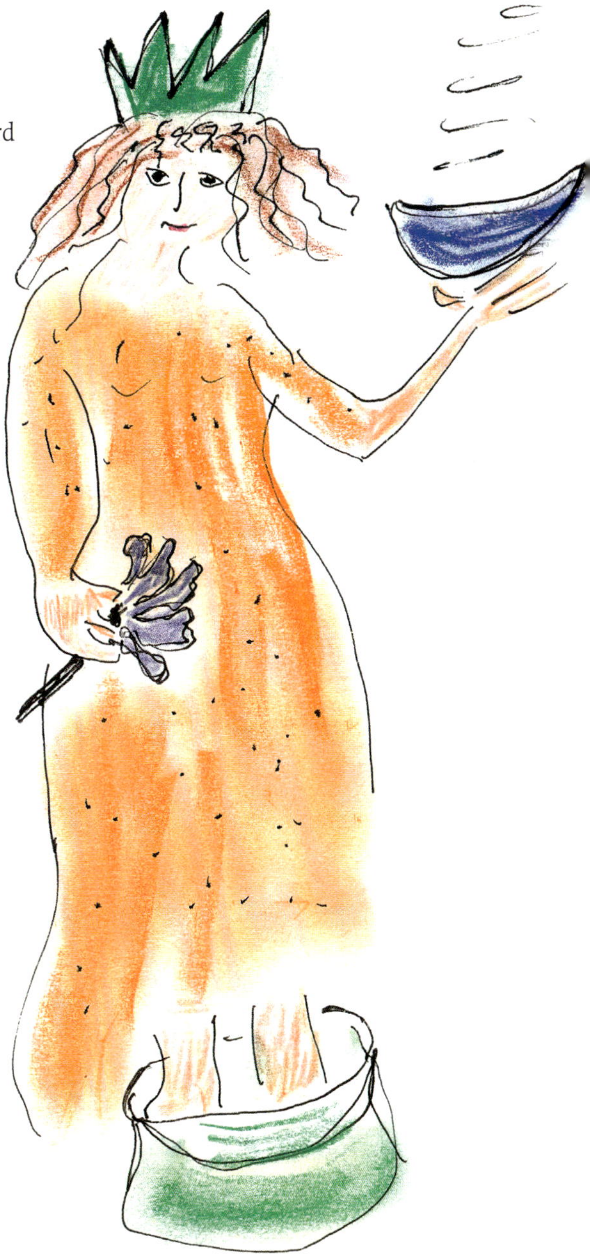

DIE GEISTER DER VERGANGENHEIT LOSLASSEN

Wir machen einen Check: Welche Geister, also welche »nicht physischen Kräfte«, sind im Wohnbereich anwesend – und es sind mehr, als wir denken. Immer wieder tauchen die Sprüche der Eltern, der Großeltern auf. Meine Freundin wurde jahrelang von den Geisterstimmen ihrer Mutter und ihrer Tanten in Schach gehalten: »Mädi, hoits Sach zum« (halte den Besitz zusammen).

Es ist erstaunlich, wie hartnäckig sich Erinnerungen an Streit, Demütigung, Gewalt im Lebensraum halten. Da lohnt es sich, diese Geisterstimmen zu verabschieden und rituell fortzuschicken.

Welche Dinge aus deiner Kindheit oder Jugend gibt es, die dir gute oder bedrohliche Gefühle einflößen? Wie viele Erinnerungsstücke liebst du, wie viele bedrängen dich? Hier bietet sich folgendes Ritual an: Feiere die Kraft aus deiner Vergangenheit, errichte eine Art Environ-

ment aus Fotos, verschiedenen Dingen, die du liebst. Meditation über Freude und Schmerz.

DER HEILIGE ORT

Er sorgt für Gelassenheit und Zuversicht. Ich finde es hilfreich, in der Wohnung oder im Haus eine Ecke anzulegen, an der der Alltag vorbeirauscht, die nicht nützlich ist, an der nichts Praktisches gemacht wird. Unsere AhnInnen hatten (und manche haben bis heute) einen kleinen Marienaltar, eine Ecke mit einem Kreuz, an das Jesus genagelt ist (mir ein Rätsel, wem das nützen soll). In afrikanischen Wohnstätten gibt es meistens einen Altar für ihre Götter, die Orishas, und für die Ahnengeister.

Auch ein AhnInnentopf ist eine gute Idee, ich habe oft darüber geschrieben: ein Gefäß, in dem die VorfahrInnen geehrt werden, in dem vielleicht schöne Dinge aufbewahrt, Wunschzettel hineingelegt werden. Vielleicht kann dort auch das Geld wohnen, das man nicht gleich ausgeben will. Der AhnInnentopf kann gelegentlich besungen, beräuchert, berasselt werden.

Was bewirkt so ein heiliger Ort? Wir sehen ihn täglich immer wieder und erinnern uns, dass das praktische Leben nur ein Teil des menschlichen Universums ist. Die wahre Kraft kommt aus dem Nicht-Materiellen, aus dem Spirituellen, sie stärkt uns und hebt uns aus der Banalität und dem Stress der alltäglichen Herausforderungen.

EIN BESCHWERDEBUCH ANLEGEN

Ein solches Buch halte ich für eine der besten Einrichtungen überhaupt. Allerdings war das Ereignis, das mir »Beschwerden« bewusst machte, kein lustiges. Ich wartete mit vielen AfrikanerInnen in Paris auf einen Flug nach Afrika. Wir warteten schon fast zwei Stunden, ohne dass irgendjemand eine Ansage gemacht oder Getränke verteilt hätte. Als eine Mitarbeiterin der Airline erschien, sagte ich ihr, dass man so mit Reisenden nicht umgehen könne. Ein Bus fuhr vor, sie komplimentierte alle in das eiskalte Fahrzeug, wo wir dann noch einmal lange warten durften, ohne eine Möglichkeit auszusteigen. Als wir endlich befreit wurden, sagte ich der Hostess, dass ich mich bei der Airline über diese Gefangennahme beschweren würde. Sie sagte: »Beschweren Sie sich ruhig, wir lesen die Beschwerden dann bei der Weihnachtsfeier vor.«

Wenn eine Familie ein Beschwerdebuch anlegt, hilft das, die täglichen Reibereien zu entzerren. Jedes Mitglied der Familie kann sich hier eintragen und erklären, was es gemein, unerträglich, blöd, sinnlos usw. findet. Der Vorteil: Alle sind gleichberechtigt. Die Kinder werden ebenso wahrgenommen wie die Eltern und anderen Familienmitglieder. Die Länge der Einträge könnte man begrenzen, so haben alle die gleichen Möglichkeiten. Einmal in der Woche kann es ein gemeinsames Vorlesen der Einträge geben. Das ist bestimmt genauso lustig wie die Weihnachtsfeier der Airline.

ZUR ERHOLUNG VON KÖRPER UND GEIST

Die Wahl der Farben, die das Heim beleben sollen, ist nicht unwichtig. Für manche Menschen geht überhaupt nur Minimalismus: alles weiß, keine Unordnung, keine Ablenkung der Sinne. Mit Kindern stelle ich mir das aber eher kompliziert vor.

Früher gab es im Fernsehen bei Sendeschluss ein buntes Pausenbild in allen Farben. Das ist auch fürs Gehirn sehr wohltuend. Dafür die Regenbogenfarben rituell einstellen, entweder beginnend bei Weiß, Gelb, Orange, Rot, zu Grün, Blau, Violett oder ganz bewusst:

- bei Kraftlosigkeit: Rot imaginieren, Rot energetisiert, Gelb-Rot oder Orange wärmt
- bei Fieber / Stress / Überforderung: Blau und Grün, beide Farben wirken beruhigend und kühlend
- bei innerer Unruhe: Violett, die Farbe bringt das Gehirn zur Ruhe

Farben können auch bei der Einrichtung der Wohnung oder des Hauses eine Rolle spielen, und es lohnt sich darüber nachzudenken, ob mehr Wärme, mehr Anregung wünschenswert ist oder eher kühlende, ruhige Farbinseln. Das neutrale Weiß mit minimalistischer Einrichtung ist zwar sehr beliebt, wirft aber Probleme auf, denn Weiß ist keinesfalls beruhigend. Weiß ist die Summe aller Farben und springt die Betrachtenden an. Es sollte also wenigstens Farbinseln geben, die das Ganze etwas auflockern.

DIE ATMOSPHÄRE REINIGEN

Wer in eine neue Wohnung oder in ein neues Haus einzieht, kann die Atmosphäre mit einem Salzritual klären: Eine Prise Salz wird im Uhrzeigersinn in alle Ecken gestreut und dann in der entgegengesetzten Richtung wieder zusammengekehrt; das Ganze wird danach in der Toilette entsorgt. Salz saugt nach spiritueller Vorstellung Energien auf. Danach können die Räume neu energetisch bespielt werden.

Auch Räuchern ist natürlich eine gute Möglichkeit, Räume nicht nur spirituell, sondern auch ganz praktisch (keim- und virenabweisend) zu reinigen. Der gute Geruch tut ein Übriges für den Erfolg des Rituals. Ich nehme gern getrocknete Zweige von Salbei, Rosmarin, Lavendel oder Wacholder, die ich auf einem Stein oder einem Metallteller anzünde, danach gleich wieder auspuste und damit durch den Raum gehe. Auch Fichten- oder Tannenzweige eignen sich. Wer hätte nicht an Weihnachten schon zum Schrecken der Eltern ein Zweiglein vom Baum oder vom bereits leicht vertrockneten Adventskranz angezündet – weil's so gut riecht. In Portugal habe ich Zistrosen zur Hand, die sehr harzig sind und besonders würzig riechen. Sie gelten als ultimative Heilpflanzen, die alle Krankheiten austreiben sollen.

Man kann auch ein Teesieb mit Sand (z. B. Vogelsand) füllen, Harze daraufgeben, auf ein Stövchen legen und darunter ein Teelicht anzünden. Auch ätherische Öle lassen sich auf diese Weise, mit etwas Sand in einem Teesieb oder auf einen Stein getropft, verdampfen.

RITUAL DER STILLE

Die Unterhaltungstechnologie sollte nicht die Macht übernehmen: Kein Standby, Musik bewusst hören, TV nicht dauernd laufen und Computer nicht ständig eingeschaltet lassen, das ist schon aus ökologischen Gründen sinnvoll. Die Gefahren, die von Siri und Alexa ausgehen – totale Überwachung. Auch Kinder sollen sich daran gewöhnen, dass sie nicht ständig im Netz hängen, im Netz gefangen sind.

Gelegentlich kann ein Ritual der Stille abgehalten werden. In dem gemeinsam vereinbarten Zeitraum gibt es dann weder Smartphone noch sonst irgendeine digitale Spielerei, kein Computer stört, keine Musik lenkt ab. Das lässt sich gut mit einer kreativen Beschäftigung verbinden: malen, Collagen herstellen usw.; eventuell vorher ein Thema ausmachen, das alle Beteiligten gut finden.

AUF DIE SCHWELLE SPUCKEN

Dieses Ritual soll dafür sorgen, dass es keine Übergriffe von außen auf den Wohnbereich gibt. Wer es gern krasser haben möchte, kann auch einen blutigen Tampon an die Türe hängen. Ich habe hier jahrelang eine Hühnerkralle angebracht. Mit großem Erfolg.

SICH LOSLÖSEN VON ENERGIEFRESSERN

Es gibt Menschen, die wahre »Saugnäpfe« sind. Kaum sind sie in der Nähe, holen sie sich so viel Kraft wie möglich, indem sie jammern und klagen, die schlimmsten Situationen vortragen und vor allem bei Lösungsvorschlägen immer sagen: »Das hab ich schon probiert, das hilft bei mir nicht.« Und zu immer neuen Lösungen drängen, die dann auch nicht fruchten. Ich halte es für sinnlos, da wohltätig einzugreifen, und habe mich nach jahrzehntelangem vergeblichem Engagement entschlossen, solche Personen einfach zu meiden oder den Zauberspruch »Da weiß ich auch nicht weiter« anzuwenden.

Es gibt so eine Art Sucht, im Leid, im Schrecklichen zu wühlen und sich darin zu suhlen. Wenn Personen mit dieser Sucht bei mir zu Hause waren, musste ich danach immer extrem heftig lüften, räuchern und jodeln. Mittlerweile nehme ich mir auch den Rat einer alten Freundin zu Herzen: »Die lass ich gar nicht rein. Die Energie bekomme ich ja nie mehr aus meinen Geweben und Möbeln.«

EIN GEBET FÜR DIE EIGENE INNERE GÖTTLICHE KRAFT ERFINDEN

Eines meiner improvisierten Gebete zur Göttin in mir:

Gib mir die Heiterkeit, einen miesen Tag zu ertragen.
Gib mir die Energie, endlich das loszulassen,
was mir Lebensfreude entzieht.
Lass mich glückselig in meinem Chaos schwelgen,
lass mich eine kleine Menge Alkohol vertragen,
weil ich auch mal besoffen sein will.
So sei es!

UM WAS GEHT ES WIRKLICH? – EIN NACHWORT

Wir Frauen haben uns so daran gewöhnt, kleine Demütigungen wegzustecken: »Er meint es ja nicht so!« »Das hör ich schon gar nicht mehr!« »Ach das, nicht schlimm!« Und doch ist jede Herabwürdigung, jede Beleidigung

ein Stich. Nicht wahrgenommen, nicht respektiert zu werden, mag zur täglichen Gewohnheit geworden sein, doch ist das die Choreografie und die Ausstattung des Lebensraums, und die Wohnung oder das Haus sind doch die Außenhaut der Seele, der Persönlichkeit. Wer da ständig angegriffen, beleidigt, herablassend behandelt wird, erleidet Verletzungen und Vernarbungen der Außenhaut. Die Geborgenheit im eigenen Energiefeld hängt davon ab, dass wir uns dieses Feld so gestalten können, damit es wohlig einhüllt und nicht ständig elektrisiert oder gar verletzt.

Eine Frau, die ich kenne, mag es, wenn ihre Wohnung sehr sauber ist. Sie putzt nicht nur, um die äußere Ordnung herzustellen, sondern auch, um ihre innere Unzufriedenheit zu besänftigen. Ihr Mann verspottet sie oft, nennt sie »Putzteufel« und macht sie vor seinen Freunden lächerlich: »Jetzt holt sie schon wieder den Putzlappen« oder, schlimmer, wie ich finde, »gleich rennt sie und holt Besen und Schaufel«. Das Absurde dabei ist: Er mag es selber gerne sauber, und wenn es nicht ordentlich genug ist, macht er ebenfalls blöde Bemerkungen.

Dumme Sprüche müssen sich Frauen ja auch oft anhören, wenn es um Menstruation oder um die Wechseljahre geht. Und da wird der »Putzfimmel« gern mit diesen Themen in Verbindung gebracht; viele Frauen schämen sich tatsächlich, dass sie bluten oder Wechseljahresbeschwerden haben, die vor anderen dann auch gern verborgen werden. Doch langsam dreht sich der Wind. Frauen lassen sich nicht mehr alles gefallen, sind stolz auf ihre Blutung und denken gar nicht daran, die Wechseljahre als Demütigung zu sehen und Kommentare dazu als Herabwürdigung zu akzeptieren.

Unser ganzes Leben lang üben wir das Hinnehmen von Nadelstichen und auch das Austeilen von solchen, weil wir »nur« Frauen sind. Weil wir aus dem eigenen Mangel heraus unzufrieden, neidisch, eifersüchtig oder auch mal rachsüchtig werden. Die männliche Menopause, elegant Midlife-Crisis genannt, lösen Männer ja häufig, indem sie alles hinter sich lassen und neu anfangen. Ihre Schmerzbewältigung ist nicht selten 20 Jahre alt und gut aussehend. Die Schmerzbewältigung der verlassenen Frauen ist dann eben oft Eifersucht oder Intrige. Doch das vergiftet das Energiefeld. Es geht also darum, dem nicht nachzuweinen, Verachtung und Gewalt nicht hinzunehmen; den Schmerz wahrzunehmen, um ihn lösen zu können.

Ich war in den Siebzigerjahren eine der Mitbegründerinnen der neuen Frauenbewegung. Zwei Slogans, die ich besonders mag, waren:

> *Tremate, tremate, le streghe son tornate!*
> *Zittert, zittert, die Hexen sind zurück!*
> Und:
> *»Krieg ist Menstruationsneid.«*

Was hat das mit Schönheit und Harmonie im eigenen Heim zu tun?

Wenn Frauen endlich anfangen, sich selbst stark und schön zu finden, wenn sie sich nicht mehr demütigen lassen, wenn sie sich trennen von Menschen, welche die Harmonie ihres Wohnraums, ihres Energiefelds zerstören, dann wird die ganze Welt sich verändern, denn ein altes magisches Gesetz heißt: »Im Großen wie im Kleinen.«

Wenn in Familien, in den Partnerschaften Krieg herrscht, wird auch die allgemeine Energie damit angereichert. Wenn sich die Menschen im eigenen Zuhause jedoch wohlfühlen und Wohlgefühl verbreiten, hat das auch Auswirkungen auf die Außenwelt.

ZAUBERSPRUCH

Wo Sehnsucht war, ist Erfüllung

Wo Zorn war, ist Lächeln

Wo Ungeduld war, ist Ruhe

Wo Schmerz war, ist Heilung

Wo Suche war, ist Gewissheit

Wo Verzweiflung war, ist Freude

Mein Schlaf – von Feen bewacht

eingehüllt in Vogelgesang

begrüße ich die Dämmerung

REGISTER

ZUM WEITERLESEN

Brunner, Adelheid: Pflanzenschamanismus – sich mit der Natur verbinden. Kosmos 2018

Easwaran, Eknath (Hrsg.): Die Upanischaden. Eingeleitet und übersetzt von Eknath Easwaran. Goldmann 2008

Ferreira, Susana Garcia: Lebe deine Intention. Nymphenburger 2021.

Fischer-Rizzi, Susanne: Das Geheimnis deines Ortes. Kosmos 2020.

Fischer-Rizzi, Susanne: Mit der Wildnis verbunden. Kosmos 2016

Fuchs, Christine: Räuchern im Rhythmus des Jahreskreises. Kosmos 2015.

Fuchs, Christine: Räuchern in Winterzeit und Raunächten. Nymphenburger 2020.

Hess, Sam: Die Welt der Naturgeister. Nymphenburger 2020.

Kottmann, Sina Lucia: Die Kraft der Elemente. Nymphenburger 2021.

Krämer, Susanne: Schamanische Naturrituale. Nymphenburger 2019.

Nauwald, Nana: Der Flug des Schamanen. Schamanische Märchen und Mythen. Binkey Kok 2004

Stoehr, Guntram: Bäume an Orten der Kraft – Wuchsformen und die Energie des Ortes. Kosmos 2018

Stoehr, Guntram: Die Natur als Kraftort – Heilsame Plätze erspüren und ihre Energie erfahren. Nymphenburger 2020

Stumpf, Ursula: Mythische Bäume. Kosmos 2017.

Tenzing Wangyal Rinpoche: Den feinstofflichen Körper aktivieren. Tibetische Yoga Übungen für innere Weisheit und Klarheit. Arkana 2011

Zenz, Diana: Aromatherapie für die Seele. Nymphenburger 2020.

ÜBER DIE AUTORIN

Luisa Francia lebt in Bayern und im Alentejo, wo sie Frauen- und Göttinnenfiguren aus aller Welt im »Göttinnenhaus« versammelt hat und die Magie der Frauen in der Steinzeit erforscht. Gelegentlich führt sie kleine Gruppen von Frauen zu magischen und mächtigen Orten, feiert Rituale, unterrichtet Yoga und hat kein Problem damit, auf der faulen Haut zu liegen und zu träumen.

»Es geht nicht nur darum, neue Energiequellen aufzutun,
das Wichtigste ist, dass wir uns einschränken,
weniger verbrauchen und mehr träumen.
Denn es ist Zeit, die Welt umzuträumen.«

Eine kleine Auswahl der Bücher von Luisa Francia bei nymphenburger zum Weiterlesen:

Der weibliche Weg zur wilden Kraft

Der magische Alltag

Im Körper zu Hause

Schutzrituale

Die Magie der Steine

Frauenkraft, Frauenweisheit

Hexenbesen, Zauberkraut

Die magische Kunst, das Glück zu locken

www.salamandra.de

DANK

In den Siebzigerjahren beteiligten wir uns nicht nur an der neuen Frauenbewegung, wir gründeten auch 1973 den Verlag »Frauenoffensive«, brachten Verena Stefans »Häutungen« und eine Frauenplatte »Von heute an gibts mein Programm« heraus. Ich war im Kollektiv des Verlags und lektorierte die Texte, nahm an der ersten Frauenkonferenz »Schreib das auf Frau« teil und schrieb den Frauen bald: »Schreib das auf, aber schick uns nicht alles.« Denn der Bann war gebrochen. Die Frauen wollten endlich ihre Sicht der Dinge aufschreiben.

Über dreißig Bücher veröffentlichte ich im Lauf der Jahre im Verlag »Frauenoffensive«; dafür bin ich Susanne Kahn-Ackermann, Andree Valentin, Gerlinde Kowitzke, Inge Holzheimer, Inge Vogt und Hilke Schlaeger dankbar.

Ich danke meiner Deutschlehrerin in der Mittelschule (»Knödelakademie« genannt) dafür, dass sie zu mir sagte: »Aus dir wird einmal eine Schriftstellerin.« Ich möchte betonen, wie wichtig es ist, Kinder zu ermutigen, denn das vergisst man nie.

1999 begegnete ich Sabine Jaenicke im Kinderabteil eines sehr vollen Zuges nach Stuttgart. Wir kamen ins Gespräch und sie holte mich zum Nymphenburger Verlag, mit dem ersten Titel »Der untere Himmel. Frauen in eisigen Höhen«. Es folgten der Bestseller »Das magische Kochbuch« und viele andere. Mein großer Dank geht an Sabine Jaenicke, die zu Droemer Knaur wechselte und mit mir mittlerweile (alternierend zu nymphenburger) zwei Titel herausbrachte: »Blühende Fantasie« und »Mit Göttinnen durch die Raunächte«.

Werner Pieper danke ich dafür, dass er meine Reportagen so toll fand, dass er in seiner Reihe »Der grüne Zweig« zwei Bücher mit meinen Artikeln veröffentlichte: »Warten auf blaue Wunder« und »Nichts in New York« und später auch noch die Ballade »Ich machte mich auf die Findung«; ich schrieb sie, als ich ein Stipendium von der Deutschen Akademie für Sprache und Dichtung hatte, und empörte damit Herrn Rowohlt, der in der Jury saß.

Ich danke Margrit Sprecher dafür, dass sie mich zur Weltwoche holte, wo ich vor allem meine Lieblingsthemen Kultur und Fußball in Afrika beschreiben konnte.

Ich danke der Redaktion von *Emma* dafür, dass sie endlich kapierte, dass meine Bücher nicht nur »esoterischer Quatsch« sind, und mich gebeten hat, einen Artikel über Bergsteigerinnen zu schreiben.

Ich danke Margarethe von Trotta für die lustvolle Zusammenarbeit an den Filmen »Das zweite Erwachen der Christa Klages« und »Schwestern«. Herlinde Koelbl danke ich für Inspiration und Freundschaft. Margarete Petersen, Carin E. Stoller, Margret Greenman, Rosa Loy und Angela Hampel danke ich für die Inspiration durch ihre Kunst.

Ich danke Lillemors Frauenbuchladen in München, dem »Frauen Museum« Wiesbaden, der »Frauenkultur« Leipzig und Dresdens Frauenzentrum *sowieso* für ihre unermüdliche Arbeit am Frauenraum.

Ich bedanke mich bei meinen Ritualfreundinnen, meinen Yogafreundinnen und meinen Jodelfreundinnen.

Last but not least danke ich meiner Frauenfamilie für ihre liebevolle Unterstützung, meiner Oma und meiner Mutter vor allem dafür, dass sie keine »Haus«frauen waren und ich auch keine wurde.

Ich danke meinen Helferwesen – ohne sie wäre das Leben kompliziert und ziemlich langweilig.

Wahrscheinlich habe ich viele Menschen vergessen, denen ich immer mal wieder dankbar war!

Was jetzt wie ein Abschied klingt, ist aber nur ein Zwischenbericht.

Luisa Francia

BILDNACHWEIS

Mit 48 Farbfotos und 28 Illustrationen
von Luisa Francia
Ornament Seite 5, 8, 11, 14, 78, 84 und 90: shutterstock/nubenamo
Ornament Seite 20 und 24: shutterstock/Exotic vector

IMPRESSUM

Umschlaggestaltung von Gramisci Editorial Design, München / Claudia Geffert unter Verwendung einer Farbzeichnung von Luisa Francia

Alle Angaben in diesem Buch erfolgen nach bestem Wissen und Gewissen. Sorgfalt bei der Umsetzung ist indes dennoch geboten. Der Verlag und der Autor übernehmen keinerlei Haftung für Personen-, Sach- oder Vermögensschäden, die aus der Anwendung der vorgestellten Materialien, Methoden oder Informationen entstehen könnten.

Unser gesamtes Programm finden Sie unter **nymphenburger-verlag.de**

Gedruckt auf chlorfrei gebleichtem Papier

FSC www.fsc.org MIX Papier aus verantwortungsvollen Quellen FSC® C110508

ISBN: 978-3-96860-003-1
Projektleitung: Ramona Imhof
Lektorat: Dr. Eva Eckstein
Satz: Grafikdesign Storch/Ulrike Vohla, Rosenheim
Produktion: Angela List
Druck und Bindung: Westermann Druck Zwickau GmbH, Zwickau
Printed in Germany / Imprimé en Allemagne